JN035310

MUSEUM INFORMATICS SERIES 4

博物館情報学シリーズ……4

ミュージアム展示と情報発信

若月憲夫［編著］

樹村房

「博物館情報学シリーズ」の刊行にあたって

　今日の博物館はもはや建物としての博物館ではなく，今や地球市民に情報を提供するシステムへと変身した。情報社会の到来によって，これまでの娯楽，教育，教養が変化し，多かれ少なかれ日常生活はインターネットの恩恵を受けている。きわめてアナログ的世界であった博物館・美術館がデジタル世界との関係を発展させ，ネットワークで結ばれている状況も普通の姿になった。その意味で，ネットワークは地球市民と博物館・美術館をつなぐ大きな架け橋である。

　20世紀の工業社会はコマンド，コントロール，チェックの3Cによって制御されていたといわれるが，21世紀の情報社会はコラボレーション（協働），コミュニケーション（双方向），コンプリヘンション（共通理解）の3Cによって構成される社会である。博物館，図書館，文書館のもつ文化資源の共通性とピエール・ノラのいう「記憶の場」すなわちコメモラシオン（記憶・記録遺産）も博物館情報学のキーワードであろう。暗喩的にいえば，博物館情報学はカルチャー，コメモラシオンの本質的な2Cの基盤の上に，上記の3Cが組み合わさって成立する学問体系といえるかもしれない。

　現在，博物館界は情報に対してどのような取り組みをしているのか，今日までの到達点や研究成果を一度俯瞰してみようと「博物館情報学シリーズ」を企画した。以下，簡単に本シリーズの構成について述べておきたい。

　第1巻は博物館情報学の基礎としての「情報資源と目録・カタログ」を中心にまとめた。第2巻は「コレクション・ドキュメンテー

ションとデジタル文化財」を取り上げた。これまでの博物館学の中で，正面から取り上げられてこなかった目録やコレクション・ドキュメンテーションを主題として真正面から取り上げたのは本シリーズの特徴であろう。第3巻は情報発信を重視しながら博物館のSNSを中心に「ソーシャル・ネットワーキング」について考察した。技術革新の最も速い分野であるため，本巻は内容のアップデートも必要であろう。第4巻と第5巻は博物館と来館者をつなぐコミュニケーションも情報によって成立する活動であるため，博物館機能としての「展示」活動と「教育」活動を取り上げた。第6巻と第7巻は，人工的に創りだす映像空間「プラネタリウム」と生態系施設「動物園・水族館」について焦点を絞った。これらの施設が如何にデジタルと関係が深いかが理解されるであろう。そして最後の第8巻は，博物館・図書館・文書館の連携の実践として「ミュージアム・ライブラリとミュージアム・アーカイブズ」を中心テーマとした。本シリーズの中でも目玉の巻のひとつである。

　記述にあたっては，各巻とも専門的な内容に踏み込みながらも新書レベルの平易さで解説することを心がけたつもりであるが，中には耳慣れない専門用語が登場することもあるかもしれない。本シリーズがひとつの知的刺激剤となり，批判・言説・修正・再考を繰り返しながら，博物館情報学がさらなる進化を遂げていくことを切に願うものである。

　2016年12月

企画編集委員を代表して
筑波大学教授　水嶋英治

まえがき

　博物館と来館者との「接点」となるのが展示である。博物館の調査活動や研究成果から創造された価値を，展示という「場」の中で可視化し表現していく行為は，博物館ならではのオリジナルな方式であり，展示こそが博物館における情報発信を特徴づけている。

　１章では，博物館情報学の視座から，展示における情報伝達やコミュニケーションのモデル化に努めるとともに，展示と諸活動との関係や展示が果たす機能や性格等について論じ，展示による情報発信の特色を明らかにする。

　続く２章では，人びとを取り巻く情報環境が多様化，高度化する中で，今日における博物館展示の現状と潮流を概観することをねらいとする。情報発信における軸足の置き方から，博物館の展示を４つの典型的な類型に区分し，それぞれの特色について論じるとともに，今後の方向性を展望する。

　３章では，美術館，博物館，科学館，水族館等，「博物館」という範疇に入る施設が多様化していることを踏まえながら，コレクションとの関連性から，それぞれの館における展示の形態と発展経緯を概観する。

　４章では，博物館づくりのプロセスと合わせながら常設展示が完成するまでの流れを概観するとともに，その基本となる展示シナリオづくりのノウハウについて言及する。また，ある企画展を題材に，展示の企画から設計，完成までの過程をたどりながら，意図したことを，展示空間という三次元の場の中で，展示物として具体化させていくための方法論について述べる。

5章では，展示におけるコンピュータ利用の変遷を概観するとともに，従来は実物第一主義であった美術館が，ICT の導入で作品鑑賞の可能性を大きく広げたことを典型的な事例として取り上げながら，新しいコミュニケーション・メディアとしての可能性を展望する。またメディアとしての活用だけではなく，ビッグデータによる行動分析など，展示計画や運営面でのさまざまなイノベーションについて言及する。

　そして6章の事例研究では，科学館をフィールドに，それぞれのミッションと展示との関係を明らかにする。

　博物館情報学シリーズが構想されたのは，2013 年に遡るが，幾多の変遷を経てこの4巻を脱稿したのが，2018 年秋であった。それから2年以上の間に，展示を取り巻く状況は日々，変化している。本書では，事例として取り上げたものについては，できるだけ最新のものに置き換えるよう努めたが，一方で時間経過によって，より普遍的な価値が高まると考えられるものについては，完成時期にとらわれることなく積極的に取り上げることとした。

　2020 年におこったコロナ禍で，今後，展示に対する考え方も大きく変わっていく可能性がある。一方で，博物館展示の始まりは，博物館の始まりと時を同じくするものであり，展示は，長い時間をかけて情報発信のノウハウを積み重ねてきた。

　今，博物館の概念がミュージアムへと拡大していく時代の中で，本書が，「古くて新しい」展示というメディアへの興味を開くきっかけとなることができれば幸いである。

　2021 年7月

編著者　若月憲夫

ミュージアム展示と情報発信
もくじ

「博物館情報学シリーズ」の刊行にあたって ―――――― 1
まえがき ――――――――――――――――――― 3

1章　博物館情報学の視座からみた展示 ―――― (若月)―11

1.1　博物館の諸活動と展示 ……………………………… 11

1.2　情報伝達メディアとしての展示 …………………… 14
1.2.1　展示とは　15
1.2.2　Exhibition と Display　16
1.2.3　展示というメディアの特色　20

1.3　三次元空間の中での情報伝達 ……………………… 26
1.3.1　歩行に沿った情報伝達　26
1.3.2　動線とゾーニング　27
1.3.3　360度からの情報提供　30
1.3.4　五感に訴える　31
1.3.5　劇場型,検索型の情報伝達　32

1.4　博覧会と展示 ………………………………………… 35
1.4.1　国際博覧会とそのレガシー　36
1.4.2　博覧会をきっかけに発展する展示技術　41
1.4.3　21世紀‐世界の国際博覧会　45

2章　博物館展示の現在・近未来 ――――――― (高橋)―53

2.1　展示構成の4類型 ……………………………………… 55

   2.1.1　展示形態およびメディア一覧　*57*

 2.2　資料系展示 —— モノ自体が展示の意図や価値を伝える
    展示 ·· *57*

   2.2.1　展示ケース　*59*

   2.2.2　ステージ台　*61*

 2.3　情報系展示 —— メッセージ性をもち，情報メディア等
    により知識や情報を伝える展示 ································· *62*

   2.3.1　グラフィックパネル　*62*

   2.3.2　考証復元・造形資料　*64*

   2.3.3　視聴覚（AV）装置 —— 音と映像を用いた視聴覚メディア
     による展示　*67*

   2.3.4　メディアミックス装置　*74*

 2.4　参加体験系展示 —— 視覚，聴覚，触覚，臭覚など，
    直接五感を介して知識を触発する体感型展示 ········· *74*

 2.5　ヒューマンリレーション系展示 —— 人と人とのふれあ
    いをとおして楽しみ，交流する展示 ························· *76*

   2.5.1　ヒューマンリレーション系展示を担うコミュニケーターの
     存在と育成　*78*

 2.6　情報環境の進展と博物館展示の今後の方向性 ············· *81*

   2.6.1　成熟した一般大衆が展示を成長，発展させる　*82*

   2.6.2　「展示」の現代および近未来　*83*

3章　コレクションと博物館展示 ──────────(若月)─*86*

 3.1　博物館の分類と名称 ·· *86*

   3.1.1　美術館　*90*

   3.1.2　博物館　*91*

   3.1.3　科学館　*92*

   3.1.4　水族館・動物園・植物園　*93*

3.2 展示のねらいと展示形態 ·· 94
　3.2.1 「モノを見せる展示」が中心となる美術館　97
　3.2.2 「モノで語る展示」が博物館の特色　100
　3.2.3 「体験して学ぶ展示」の登場　106
　3.2.4 「環境に身を置く展示」が実現する異空間体験　111
　3.2.5 水族館や動物園＝「生き物を見せる展示」　116

3.3 博物館からミュージアムへ ── 拡大する「博物館」の
　　概念 ·· 118
　3.3.1 テーマミュージアムの時代　119
　3.3.2 展示学習施設の広がり　120
　3.3.3 博物館とミュージアム　121
　3.3.4 ミュージアムの領域を考える　122

4章　博物館の展示をつくる ──────────(若月)─128

4.1 常設展示と企画展示 ·· 128
　4.1.1 常設展示　128
　4.1.2 企画展示　131

4.2 博物館づくりと常設展示 ·· 134
　4.2.1 博物館ができるまで　134
　4.2.2 展示に関わる人びと　137
　4.2.3 展示づくりと展示シナリオ　139

4.3 展示シナリオ作成のプロセス ································ 144
　4.3.1 展示理念をつくる　145
　4.3.2 展示構成を考える　151
　4.3.3 展示展開を決める　158

4.4 企画展示をつくる ·· 161
　4.4.1 「震災からよみがえった東北の文化財展」の概要　163
　4.4.2 企画の経緯　164

4.4.3　展示構成（展示ストーリー）の検討　*171*

4.4.4　展示の工夫点　*178*

4.4.5　巡回展としての展開　*183*

5章　ICT の発達がもたらす博物館展示の変化―――――*189*

5.1　コンピュータの発達と博物館展示 ―――――(若月)―― *189*

5.1.1　インタラクティブな展示の登場　*190*

5.1.2　可能になった情報検索，情報公開　*194*

5.1.3　携帯型解説システムの登場　*197*

5.1.4　ICT で進化する展示環境　*203*

5.2　ミュージアムラボ ―― 美術展示の新しい試み
―――――(久永)―― *207*

5.2.1　プロジェクト概要　*207*

5.2.2　マルチメディア開発の概要　*209*

5.2.3　「作品の構成」システムの事例　*213*

5.2.4　ルーヴル美術館への導入　*216*

5.2.5　おわりに　*216*

5.3　ビッグデータを活用した展示評価の可能性 ――(真鍋)―― *217*

5.3.1　注目される行動分析　*219*

5.3.2　ミュージアムでの実証実験　*220*

5.3.3　新しい展示評価テクノロジーへの期待　*222*

5.4　「拡張展示」を展望して ―――――(若月)―― *225*

6章　事例研究　科学館の展示をくらべる―――――*232*

事例1　日本科学未来館
―― 「先端」とともに，走り続ける未来を
テーマにした館 ―――――(内田)―― *233*

A. 科学とは，常に変化し進化していく世界である　*233*

B. 先端の自然科学の展示 *234*

C. 先端の科学技術の展示「未来をつくる」── プロセス, システム, 技術そのもの *237*

D. 地球規模での活動をめざして ──「つながりプロジェクト」＝ フォームからプラットフォーム, ネットワークへ *238*

事例2　名古屋市科学館 ································(渡邉)····· 243

A. 名古屋市科学館の誕生とテーマの変遷 *243*

B. 「不思議からはじまる知の探究」── 6つのフロアテーマ *245*

C. 地球環境のダイナミズムを体感する ── 4つの大型展示 *248*

D. これからの科学館展示とは？ *252*

事例3　高知みらい科学館 ·····························(岡田)····· 254

A. 高知みらい科学館の展示コンセプト *254*

B. 地域の自然・科学・ものづくりを伝える *256*

C. 企画展示をつくる *258*

D. 「なんか変わった」を見せる展示 *260*

E. モバイルミュージアムの取り組み *263*

F. 新型コロナウイルスの影響を受けて *264*

G. 持続可能な地域科学館をめざして *266*

参考図書案内 ───────────────── *267*

さくいん ──────────────────── *271*

1章

博物館情報学の視座からみた展示

　展示は，博物館の「顔」である．一般の人びとが博物館に行ったというとき，それは展示を観ることを目的としているのが大半であろう．今日，博物館の利用は展示だけではなく，館主催の諸活動に参加したり，図書室で調べものをしたり，ミュージアムショップで買物をしたりなど多様化しているが，多くの人びとの来館目的は，常設展示にせよ，展覧会にせよ，展示見学と言っても過言ではない．来館者にとっては，展示こそが，博物館の代表的な機能であり，その善し悪しが博物館の価値を印象づける．

　この章では，博物館情報学の視座から，展示における情報伝達やコミュニケーションのモデル化に努めるとともに，展示と諸活動との関係や展示が果たす機能や性格等について論じ，展示による情報発信の特色を明らかにする．

1.1　博物館の諸活動と展示

　博物館情報学シリーズの第1巻では，博物館情報学の研究領域をモノ-資料情報系，人-情報系，情報空間系，情報工学系，組織-制度系の5つの系に区分するとともに，展示を「展示情報空間」として情報空間系の中に位置づけている．[1]

　この場合の空間は，スペース（space）ではなくプレイス（place）

として捉えることができる。プレイスとは人が集まる場を意味することから、「展示情報空間」は、観客があってこそ初めて成り立つということができる。展示による情報を媒体に、来館者と博物館とをつなげる場が「展示情報空間」である。

　博物館活動のひとつである展示公開は、それ単体で成り立つのではなく、諸機能との関係性のなかで位置づけられる。今日、博物館の機能は多様化しており、利用促進を図るための広報機能やサービスの機能、各機能を包括的にコントロールしていくマネージメント機能なども重要になってきているが、基幹機能としては、調査研究、収集保存、展示公開、教育普及の4つがあげられる。展示を中心に、その相関関係を示したものが図1-1である。

　改めて4つの機能を情報という観点から考えてみると、調査研究は、モノを収集する目的や展示を企画する目的で行われるが、その行為によってオリジナルな価値を生み出す、知的な情報の「生産」

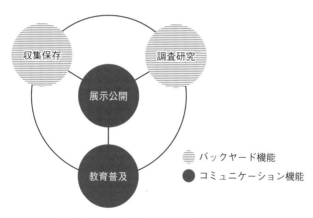

図1-1　博物館の基幹的機能とその相関関係
筆者作成

機能として捉えることができる。また収集保存は，資料を集めて管理する機能であるが，物理的なモノに派生するさまざまな情報の「集積」機能といえよう。この「生産」や「集積」をバックヤードの機能とするならば，来館者に対して，情報を「提供」あるいは「発信」するための機能が，展示公開や教育普及である。

　展示公開は，開館時間内に館に足を運べば，来館者が自由に体験でき，モノや装置などによる自動化された情報提供が主流であるのに対して，教育普及は事前の参加申込が必要なものが多く，職員や招聘講師など人による情報提供が基本となっている。受け入れ可能な人数や来館にあたっての自由度などに大きな違いがあるが，博物館と来館者との関わりという意味では，展示公開と教育普及は，類似性をもっている。近年の博物館では，館から来館者へという一方通行の情報の流れではなく，情報を仲介に，発信者と受信者が知を共有するという姿勢が重視されることから，両機能をコミュニケーション機能とした。

　博物館機能の相関関係図は，資料の収集と保存を分けたものや展示と教育とをまとめたものなどもあるが，各機能を結ぶ線は，資料や人など，機能間のさまざまなつながりを表している。そのひとつが情報といえよう。しかしながら，円形の図では，情報の「集積」「生産」から「発信」・「提供」に至るまでの流れを示すことはできない。

　1997（平成9）年に開館した滋賀県立琵琶湖博物館では，その計画時に，博物館活動のイメージを樹にたとえて一般向けに親しみやすく描いている（図1-2）。

　この図から読み取れるのは，博物館を下支えするのが，地域社会の歴史・自然・文化に根を張る調査研究や収集保存であり，そこか

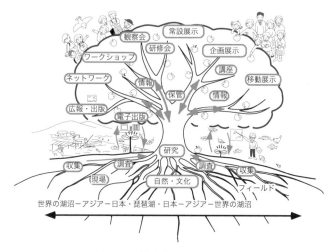

世界の湖沼－アジア－日本・琵琶湖・日本－アジア－世界の湖沼

図1-2　博物館活動のイメージ

出典：県立琵琶湖博物館編集『琵琶湖博物館開館記念誌　琵琶湖博物館開館まで
　　　のあゆみ』1997, p.201.

ら吸い上げられる養分があって諸活動が成り立つという姿である。
そして，その養分こそが「情報」といえよう。陽が燦々と当たる樹
の上の方の枝や葉の位置で，吸い上げられた情報を活かしながら，
博物館の先頭として来館者や社会と接しているのが展示である。

1.2　情報伝達メディアとしての展示

　展示の場をもつことは，博物館が成り立つための必須条件であ
り，博物館と展示とは，切っても切れないものがある。しかしなが
ら展示論を展開するにあたっては，いったん博物館という枠組みを
離れて「展示」を俯瞰することから始めてみたい。

1.2.1　展示とは

　辞書[2]によると，展示とは「作品・資料・模型・商品などを一定の方針にしたがって陳列し，一般の参考に供すること」となっている。また博物館学の辞典[3]では，展示は，広範な人々を対象とした情報伝達の手段であり，その情報の媒体となるのが，商業活動では商品，博物館・美術館では資料・作品として，「モノ」を媒体とする情報の提示が特徴であるとしている。さらに情報の受け手がその情報の存在する場所まで自ら赴いて情報を享受するという点が，一方的に情報を伝達するテレビやラジオなどと大きく異なるとしている。

　展示と類似した言葉に陳列があるが，資料や作品を通じて理解が得られるように，何らかの意図や思想を込めて工夫し，配列する場合が「展示」であり，積極的な意図性がなく，ただモノを並べて見せることに重点を置くのが「陳列」ということになる[4]。

　展示を知の体系である「学」として捉えたものが「展示学」であり，国立民族学博物館の館長であった梅棹忠夫や川添登等が中心となって 1982（昭和 57）年に日本展示学会が設立されている。その記念講演「展示学の課題と方法」[5]の中で，梅棹は，展示を新聞やテレビのようなマスメディアのひとつとして捉えるとともに，公衆に対する体験的情報伝達のひとつの方法と定義づけている。また，情報伝達メディアとして，印刷媒体に代表される言語的情報伝達，テレビや写真などの映像による情報伝達，さらに音声や触覚に訴える方法など展示にはすべてのものが含まれるとし，情報科学的にいえば，応用的情報科学の一種としている。

1. 2. 2　Exhibition と Display

　展示の英訳には，exhibition と display のふたつがある。日本展示学会の英名は，「The Japan Society of Exhibition Studies」であり，「展示」= exhibition としている。

　display は，商業関連から出てきた用語で，伝統的には「展示」を示す言葉としては，exhibit，exhibition が使われてきたが，戦後，貿易見本市や流通業の発達，マーケティング思考の伸展と優位性から展示 = display が優勢となり，産業界もディスプレイ（display）業を名乗った。そもそも display と exhibition の違いは，どの分野・領域で扱うかによるもので，学問・教育の領域では exhibition，商業デザインの領域では display だったのではないだろうかという推論がある。[6]

　では，展示を display とする論は，どうだろう。今日「展示」の範疇は拡大し，博物館・博覧会・美術館・展示会・店舗・大型商業施設，ショーウインドウや街づくりにおいて「モノの展示」を原点としながらも，都市空間やストリート空間にまで領域が拡大しているとして，広い観点から「展示」を捉えて，展示の英訳は，display が望ましいとしている[7]。むしろカタカナの「ディスプレイ」を優先し，それに該当する日本語として「展示」をあてるといった方がよいかもしれない。日本展示学会においても，「展示がまちをつくる」という大会テーマを掲げて展示の領域を広げた時期があり，それも「展示」= exhibition よりは display の方が望ましいとする論拠のひとつとなっている。

　今日，ディスプレイ業は，産業のひとつとして認知されている。日本標準産業分類では，ディスプレイ業をサービス業の中に位置づ

け「主として販売促進，教育啓もう，情報伝達等の機能を発揮させることを目的として，店舗，博覧会々場，催事などの展示等に係る調査，企画，設計，展示，構成，製作，施工監理を一貫して請負い，これら施設の内装，外装，展示装置，機械設備（音響，映像等）などを総合的に構成演出する業務を行う事業所をいう」としている。

その業務領域は，商業施設（百貨店，ショッピングセンター，物販店，飲食店，ブライダル施設等），文化施設（博物館，美術館，科学館，水族館，企業館，ビジターセンター等），イベント（見本市，展示会，博覧会，POP広告，パレード等），ビジネス・公共施設（ショールーム，オフィス，医療施設，空港，サービスエリア等），エンターテイメント施設（テーマパーク，アミューズメント施設等），さらに建築・都市環境（イルミネーション，モニュメント，各種のサイン等）など多岐にわたり，守備範囲は，時代とともに拡大している（表1-1）。

その一方で，「ディスプレイ」という言葉は，コンピュータ等の画像表示装置を意味するものとして認識されるのが一般的であり，ウインドウディスプレイなどのように飾り付けの技法といった意味合いで使われることも多い。そもそも諸外国では，display は，販売のための魅力的な商品提示の技術という狭い意味しかなく，日本におけるディスプレイの定義が独特なものであるとの指摘もある。[8]

ディスプレイ業界をリードしてきた団体のひとつに，1974(昭和49)年に誕生した日本ディスプレイデザイン協会がある。年に1度のデザイン賞など長年ディスプレイデザインを社会のなかに開花させる役割を果たしてきたが，そのフィールドがディスプレイデザインという言葉では括りきれない領域にまで拡大したとの理由から，2012(平成24)年に日本空間デザイン協会[9]（Japan Design Space

表1-1　ディスプレイの業務領域

商業施設
百貨店／ショッピングセンター／多店舗展開店
ホテル／ブライダル施設
物販店／飲食店／サービス業態店／地域ブランド店
ショーウィンドウ／VMD

文化施設
博物館／記念館／資料館／郷土館
美術館／科学館／水族館／動．植物園
企業館（PR 館，博物館）
環境，防災，ビジターセンター／子ども体験施設

イベント
展示会／見本市／国際博覧会／国内博覧会
会議イベント／販促イベント／文化イベント／スポーツイベント
POP 広告／SP キャンペーン／ノベルティ
パレード／冠婚葬祭，式典／年中行事／パーティー

ビジネス・公共施設
ショールーム／オフィス／執務・作業スペース／喫煙スペース
学校，図書館／医療施設
空港，駅，ターミナル施設
パーキング，サービスエリア

エンターテイメント施設
テーマパーク／遊園地／アミューズメント施設／スポーツ施設／統合型リゾート

建築・都市環境
イルミネーション／モニュメント／ストリートオブジェ／からくり時計
屋内サイン／都市サイン／サイン，VI 計画
広告塔／デジタルサイネージ

Association：DSA）へ名称を変更した。

　このように，産業分類における定義とは裏腹に「ディスプレイ」という言葉離れが進んでいることも否めない。

　一方で，ディスプレイ業界最大手の株式会社乃村工藝社は，ディスプレイ事業の制作品別売上高集計として，その内容を内装制作，

表1-2　ディスプレイ事業（制作品別）の区分

区分	用語解説
内装制作	店舗の特性に応じた床材や壁面の装飾・塗装，照明器具など設備の取付・設置などをおこないます。
展示制作	東京ビックサイトなど，展示会のブース（区切られた区画）に商品を並べて公開するための出展コーナーを制作するほか，博物館・美術館における展示会の施工や商業施設などでの商品PRコーナーの制作などをおこないます。
環境演出制作	商業施設等をより快適に，より魅力的に体感していただくための取り組みです。商業施設に入る前の部分から各店舗に足を運ぶまでの間のサイン（案内板）や装飾物などを手がけます。
販促品制作	－
企画・設計・監理	略
その他	－

出典：株式会社乃村工藝社，定時株主総会資料を基に筆者作成

展示制作，環境演出制作，販促品制作，企画・設計・監理と区分している（表1-2）。

　ディスプレイの領域を，床・壁・天井など空間内部をしつらえる「内装」，公開や提示等によって人びとに情報を伝える環境をつくる「展示」，さらにサインや装飾物等の「環境演出」と区分しているところが興味深い。例えば，飲食店，物販店，ショッピングセンター等の商業施設では，店舗づくりは「内装」，商品を並べるケースは「展示」，季節感等を醸し出す飾り付けは「環境演出」となる。展示会やショールーム，博物館の場合は，ほとんどが「展示」だろう。

　一見，単純にみえるこの区分は，投資家等を対象としたものでもあり，一般の人びとでも理解しやすいという点で案外，的を得ているかもしれない。そこで英語のdisplayではなく日本語化した「ディスプレイ」，あるいはそれを「空間メディア」等と置き換えて

上位概念とし，それに包含されるものとして，展示 = exhibition を位置づけてみてはどうか。

　本書が掲げる「博物館情報学」の視座に立つならば，博物館という枠組みを離れて展示会や博覧会，さらには一部の商品展示等も視野に入れながら展示を俯瞰的に捉えることは意義深い試みであるが，内装や環境演出までも含めて，その全体を同一の視点で論じていくことには，いささか難がある。そこで，展示 = exhibition と定義づけるとともに，それをディスプレイの一分野として位置づけることで，展示の範疇を明確にできるのではないだろうか。

1.2.3　展示というメディアの特色

　展示は，情報伝達メディアのひとつである。その位置づけを改めて確認するとともに，それを特色づけるポイントを，展示をめぐる諸論のなかから次の3点に集約した。

　⑴積極的な意図性をもった情報発信
　⑵モノなど，各種メディアの複合による表現
　⑶情報を得るために足を運ぶ場所の存在

（1）積極的な意図性をもった情報発信

　展示は，動機，ねらい，目的，テーマ，背景となる思想など，積極的な意図性をもつことが第一となる。また展示が情報伝達メディアのひとつであるということは，必ず情報の送り手と受け手が存在する。展示における情報発信のポイントをまとめると以下の6W2Hとなる（図1-3）。

　①Why ＝意図
　　動機，ねらい，目的，テーマ，コンセプト，表題等

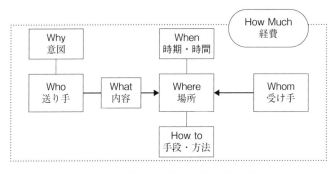

図1-3　展示による情報発信の基本構造

出典：ディスプレイの世界編集委員会編『ディスプレイの世界：ディスプ
　　　レイのデザインとマネジメント』日本ディスプレイデザイン協会,
　　　1997を基に，一部筆者が加筆修正

② Who ＝送り手

　事業主体，主催者，出展者，出品者，主催者等

③ Whom ＝受け手

　観客，生活者，消費者，顧客，地域住民，専門家，報道関係者等

④ What ＝内容

　伝達内容（何を伝える），出品情報（何を見せる）等

⑤ When ＝時期・時間

　恒久，期間限定（長期，短期），開館時間等

⑥ Where ＝場所

　空間要素（立地，交通），展示の場の条件等

⑦ How to ＝手段・方法

　適切で効果的な空間構成，展示メディア等

⑧ How Much ＝経費

　企画設計費，制作費，現場工事費，収支予算等

展示を企画する場合も，また完成した展示を評価する場合も，この6W2Hで示した8つのポイントを押さえていく必要がある。

（2）モノなど，各種メディアの複合による表現

資料・作品・商品など「モノ」は，展示におけるメディアの原点であるが，積極的な意図性をもった情報発信を行っていくため，それに加えて，文字解説や映像，音声，模型等の立体造形物，さらに触覚に訴える方法（ハンズオン）などが組み合わされる。異なるメディアの組み合わせから成り立っているのが展示の特色といえよう。

そこで展示の中で使用されるメディアを概観してみたい（図1-4）。

色，形，質感など「モノ」は，それ自体が情報性をもっているが，

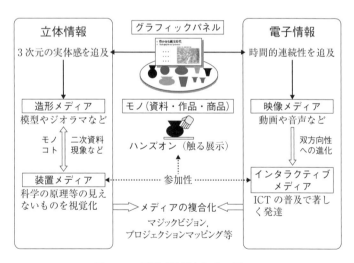

図1-4　展示で使用されるメディア
筆者作成

名称や作者，製作年代等，モノを見ただけではわからない情報を提示するものとしてネームプレートがある。モノを物証として，設置者が意図するものを伝えたい場合には，文字解説や写真，図版等が必要となる。それらを編集したものが「グラフィックパネル」である。グラフィックパネルは，モノを補完する目的で導入される場合もあるが，パネル展示等といわれるように，それ自体が展示の主体となる場合もある。

　グラフィックパネルは，平面＝二次元のメディアであるが，展示という三次元空間の中で，平面上に書かれた文字を読んだり，写真を見たりという行為は，長続きしない。そこで＋１次元の３次元の「立体情報」として魅力を高めたのが，模型やジオラマなどの「造形メディア」である。また通常は目に見えない科学の基礎原理や自然現象等を空間の中で視覚化するのが「装置メディア」である。実物資料ではないが，模型やレプリカ等と同様，モノに該当するものとして捉えることができる。また，その多くが参加体験型であることを特色としている。

　一方で，情報面は平面でも時間軸の演出を加えたのが，動画に代表される「映像メディア」である。近年の情報革命によって，「電子情報」の技術は，著しく発達し，双方向による情報提供を特色とした「インタラクティブメディア」が登場している。双方向とはいっても，情報の送り手は設置者であり，受け手は観客という図式は変らないが，展示への参加性という魅力を加えることで，情報の伝達効果を高めている。

　このように，今日の展示で使われるメディアを「立体情報」と「電子情報」という括りで捉えてみたが，その両者を複合的に演出する試みもみられる。

（3）情報を得るために足を運ぶ場所の存在

　展示は，多くの大衆を相手するという点で，新聞やテレビのようなマスメディアのひとつとして捉えることができるが，情報の受け手がその情報の存在する場所まで自ら赴いて情報を享受するという点が，一方的に情報を伝達するテレビやラジオなどと大きく異なっている。最後に，こうした特色を考察してみたい。

　情報理論の父と呼ばれるシャノンは，情報，通信，暗号，データ圧縮，符号化など今日の情報社会に必須の分野で先駆的研究を残したが，電話などの通信機器を使った情報伝達をモデル化したのが，「シャノンとウィナーの情報理論」である。それと比較して展示における情報伝達をモデル化したのが図1-5である。

　情報通信では，「情報発信体」これは情報の送り手と言い換えてもよいが，そこから発せられた音声を電気信号に置き換える「送信装置」，それを伝える「通信路」，電気信号を音声に置き換える「受信装置」があって「情報受信体」すなわち情報の受け手がある。その経路の中で情報伝達を阻害するものとして「ノイズ」が位置づけられている。発信体と受信体が，こまめに入れ替わることによって双方向通信となる。

　情報通信では音声が主な情報伝達手法であるが，展示はそれに加えて，文字解説，映像，模型など，さまざまな情報伝達メディアが複合している。その展示の情報の流れは，送り手が，展示物や展示装置などのさまざまな情報伝達手法を駆使して，空間（会場）に提示する。その場に受け手が足を運んで，ライブの状態で知覚を働かせて，情報を獲得するという流れとなる。送り手と受け手が，空間（会場）の中に出向いて，出会うところが展示の特色である。その出会いを阻害する要因が，ここでの「ノイズ」となる。

■シャノン（C.E. Shannon）とウィナー（N. Wiener）の情報理論

■展示における情報伝達

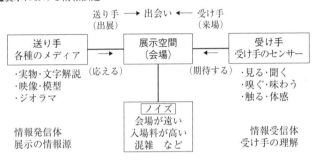

情報理論は，右流れ（→）だけだが，展示による情報伝達は，送り手と受け手が，チャンネルにあたる展示空間で出会って成立する。

図1-5　展示における情報伝達モデル

出典：ディスプレイの世界編集委員会編『ディスプレイの世界：ディスプレイのデザインとマネジメント』日本ディスプレイデザイン協会，1997，p.14. をもとに，筆者が一部加筆修正

　このモデルは，有名な情報理論になぞらえて，展示は情報伝達メディアであるという視点から考案されたものである。作られてからすでに 20 年以上経つが，「博物館情報学」を標榜するためには，こうした理論化も必要であるとの考えから，あえて取り上げてみた。

1.3 三次元空間の中での情報伝達

展示の特色のひとつが，情報を得るために足を運ぶ場所の存在であるが，その場所は，小説や映画，インターネットのような仮想空間ではなく人びとが生活する実空間である。読むことが主体の図書や新聞を一次元，スクリーンやモニター等の画面を見る映画やテレビを二次元とするならば，展示は，三次元の実空間の中で行われる情報伝達といえよう。

実空間と言っても生活空間ではなく，見本市ならその会場，博覧会ならパビリオン，そして博物館では展示室という特定の集客スペースが展示の「場」として用意されるのが通例である。こうした場[10]における情報伝達について考えてみたい。

1.3.1 歩行に沿った情報伝達

テレビによる情報伝達は，視聴者が，ソファーに座ったり寝転がったりなど，一定時間，画面を見ることができる状態を保つことで成り立つ。

それに対して，展示による情報伝達は，入口から出口まで，観客が室内を「歩行」していくことが前提となる。テレビでは番組の時間が視聴時間となるが，展示では展示品の見学と歩行とを合わせた時間が観覧時間となる。

よくこの展示の観覧時間は，約〇分という表記があるが，それはあくまでも統計的な目安としての時間であって，すべての人に当てはまるわけではない。観覧時間約30分という展示でも，一つひとつの展示物を興味深く丁寧に見ていけば，1，2時間かかってしま

うこともある。反対に観光旅行等で駆け足で巡る場合，最低半日
はかかるであろう大英博物館を1時間で見たというケースもある。
それでは館内を走っているだけなのではないかという疑問はさて置
き，展示は，観客の意思で，その観覧時間を決められる。また親子
やカップル，友人同士で会話を楽しみながらの見学も可能である。
このように観客主体の自由度の高さが，展示の特色といえよう。

　一方で，歩行を前提とした情報伝達では，好きなところだけを見
たり，一度見たものを再度見たりなど，観客それぞれの行動に左右
されることも否めない。そのため，どうしても伝えたい情報がある
場合や，順序だてた情報伝達を行いたい場合には，三次元空間とい
う場の性格を念頭に入れたさまざまな工夫が必要となる。

1.3.2　動線とゾーニング

　動線は，観客の歩行ルートであり，それを積極的に定めることで，
観客の展示観覧をコントロールすることができる。代表的な動線と
して強制動線と自由動線がある（図1-6）。

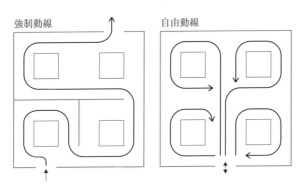

強制動線　　　　　　　　　　　自由動線

図1-6　強制動線と自由動線

強制動線とは，歩行するルートを一本の道筋として定めたものである。その流れに従って展示を配置することで，起承転結等のストーリー性をもたせた情報伝達や過去から現在まで，時間の流れに沿った展示構成を行うことができる。展示空間の中で，展示の大まかな配置を決めることをゾーニングという（図1-7）。

　自由動線は，順番に左右されずに，自由に観覧できるという動線である。基本的にどの展示から見てもよいのだが展示室の入口と奥の方とでは，条件が異なる。また，自由とはいっても，隣り合う展示に秩序をもたせるため，テーマごとにグルーピングして展示を配置する場合が多い。

　動線は，展示室内での動きに加えて，各展示ゾーン，さらにはより詳細な展示コーナーのレベルでも検討されるが，必ずしも設置者の思惑どおりにはいかないことも多く，展示における情報伝達は，一定の緩やかさを容認していく必要がある。

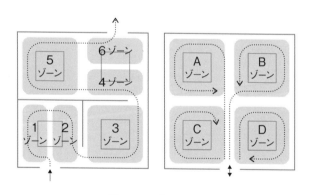

図1-7　ゾーニング

　さらに，博覧会のパビリオンや一定規模の博物館など，複数の展示室をもつ施設では，展示室ごとの観覧順も重要となる（図1-8）。
　博覧会や観光客が多く訪れる博物館など，多くの見学者をスムーズに誘導する必要がある施設では，入口と出口を分離させるとともに一方通行で観覧を進める「一筆書き式」の動線を採用するところが多い。出口付近には，ショップやレストラン等の営利施設を置く

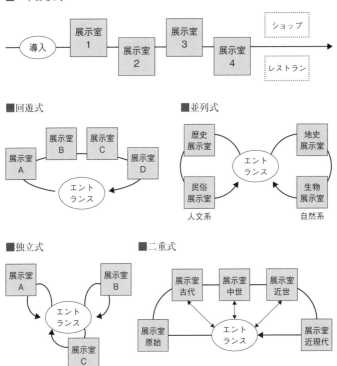

図1-8　施設全体の観覧動線

という構成も一般的となっている。

　また，博物館では，エントランスから各展示室を順番に回りエントランスへと戻る「回遊式」，エントランスから各展示室へ直接アクセスできる「独立式」，その両者を組み合わせて，エントランスを中心に人文系の展示室と自然系の展示室とをグループ化し，どちらからでも見学できるようにした「並列式」，回遊動線を基本としながらも各展示室へ直接バイパスできる「二重式」など，館の性格や建物の構造に合わせてさまざまな動線が採用されている。

1.3.3　360度からの情報提供

　歩行による観覧とともに，三次元空間における情報伝達のもうひとつの特色が，観客を取り囲む360度の空間全体が情報発信源となっていることといえよう（図1-9）。

　実物展示の位置は，モノと垂直に対峙する壁面展示やモノを上から見る平置展示が一般的だが，床面に埋め込む展示や空中から吊るす展示などさまざまなものがある。モノを近くから見せるのであれば，オーソドックスな壁面展示や平置展示となるが，例えば，クジラの骨格標本等の資料は，空中展示を採用する場合も多い。それによって骨格の全体像をダイナミックに見せるとともに，背骨と肋骨の関係を骨格の下方から見せることが可能となる。

　また，ケース展示の場合でも，多くの資料がまとめて展示されている中で，1点の資料だけを独立したケースで見せれば，その資料の象徴性は高まる。このように資料を置く位置や方法によって，来館者に伝えるメッセージをコントロールできることも展示の特色である。

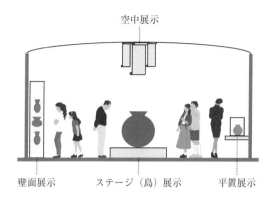

空中展示

壁面展示　　　　ステージ（島）展示　　　　平置展示

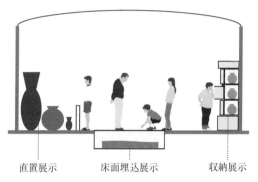

直置展示　　　　床面埋込展示　　　　収納展示

図1-9　資料のさまざまな展示方法
筆者作成

1.3.4　五感に訴える

　展示によって得られる情報は，視覚によるものが中心であること
はいうまでもないが，視聴覚と呼ばれるように映像等では，それに
聴覚が加わる。音声ガイドや効果音等，聴覚のみに訴えるものもあ
る。ハンズオンと呼ばれる触れる展示も一般的になってきている。

加えて，覗く，めくる，動かす等の体験的な行為を取り入れるケースもみられる。

展示は五感に訴える情報伝達メディアといわれるが，実際のところは，視覚・聴覚・触覚までがほとんどであろう。しかしながら，臭覚や味覚に訴える展示も皆無ではない。例えば，香水の展示販売での匂いを嗅ぐ体験（臭覚）[11] や，試食（味覚）を中心に展開されるシーフードショー等の展示会などに，その事例をみることができる。

1.3.5 劇場型，検索型の情報伝達

恒久展示でも期間限定の展示でも，展示は歩行を伴うのがオーソドックスなスタイルである。これを「歩行型」とするならば博物館や博覧会のパビリオンでは，歩行を伴わないタイプの情報伝達空間も見られる（図1-10）。

観客を一定の場所に集めて，一定時間，拘束することによって，時間経過（軸）に沿った情報伝達を行っていくのが「劇場型」の情報伝達である。起承転結などストーリー性のある情報伝達に適するとともに，多人数（マス）に対して，同じ情報を同時に伝えるところに特色がある。一方で，観客側には情報選択の自由度は無い（少ない）。途中からの入場は難しく，定時入れ替え式の運営となり，拘束時間中，観客を飽きさせない工夫が必要となる。

博覧会のパビリオンでは，目玉展示として，この「劇場型」が採用されることが多い。マルチスクリーン等による独自の映像，それと連動する装置演出，さらには，役者等も登場するなど，それぞれに趣向を凝らした展示ショーが展開される。

博物館における「劇場型」の施設としては，映像ホールやプラネ

図1-10　３タイプの情報伝達空間
筆者作成

タリウム等が代表的である。展示という範疇に入るものとしては，
座席が動く体感型シアターや映像とロボットが連動する演出シア
ター等の事例がある。こうした施設は，観光やアミューズメント性
を重視した博物館に多くみられる。

　多人数を対象とした「劇場型」の対極にあるのが，各種の情報端
末を利用した「閲覧型」の情報伝達である。個人（パーソナル）の
自己学習を支えるもので検索や選択等，観客それぞれの興味に応じ

て情報を提供する。収録される情報としては，通常の展示では語り
きれない詳細情報や収蔵品情報，写真，映像などがある。個人利用
が原則であるが，映像番組などは複数でも鑑賞できる場合もある。
「閲覧型」では，観客それぞれの多様な興味に対応できる情報量の
多さ（深さ）が求められる。

　博物館では，図書室等を設けるところもあるが，同じ「閲覧型」
ということから，図書室の中に情報端末を設け，図書閲覧と情報検
索の双方を，ひとつのスペースの中で行えるようにする場合も多
い。

　この「検索型」の情報伝達は，基本的に情報端末があれば可能で
あることから，Web サイトでも公開し，博物館に足を運ばなくて
もネット利用で同様のサービスが受けられるようにすることも一般
的となっている。

　この「歩行型」「劇場型」「閲覧型」は，展示における情報伝達の
典型的なものとして定義づけたが，二つの要素を併せ持つものもあ
る。「歩行型」の特色である空間移動と，「劇場型」の多人数対象の
時間軸に沿った情報伝達を組み合わせたものがショーライドで，
テーマパークや博覧会では，よくみられる手法のひとつである。日
本では見かけないが，海外では，英国のヨービックバイキングセン
ターのような，博物館の展示にショーライドを導入した事例をみる
ことができる。また，展示室内（歩行型）で使える携帯端末（閲覧型）
も各種の方式が登場している。展示物を見て興味が湧いたら，その
場で調べ学習をすることができるような展示の場を実現している。

1.4　博覧会と展示

　これまで博物館にとどまらず展示会や博覧会等にまで視野を広げ，展示における情報伝達の特性について論じてきたが，1 章の締めくくりとして，本節では，博覧会と展示との関わりについてふれてみたい。博覧会とは，物品や資料などを集めて一般公開する催しであり，展示による情報発信が集積した場であると言っても過言ではない。

　博覧会と博物館の展示は，極めて類似している。期間限定の催しである博覧会と，歴史的価値のある資料の保存と公開を両立させていく必要がある博物館では，資料への対応は異なるが，情報伝達においては，発信者（設置者）の意図やメッセージを受信者（観客）に効果的かつ興味深く伝えるという共通した側面を持つ。また博覧会は，期間限定でありながらも，展示替えは無いため，常設展示と同様の考え方で展示を計画することができる。

　明治維新後間もない日本は，1873 年のウイーン万博へ参加したが，出品される予定の品々を中心とした博覧会が 1872（明治 5）年に湯島聖堂で開催された。この博覧会終了後は，ウイーン行き以外の官有品を定期的に公開したが，これは，モノを恒久的に公開することの先駆けであり，東京国立博物館は，この年を創設年としている。その後，上野で開催された内国勧業博覧会[12] の建物を利用して，新しい博物館が開館した。これが，現在の東京国立博物館である。モノを直接，見ることが新しい知識を習得するための重要な手段であった時代に，それを期間限定のイベントとして行ったのが博覧会であり，恒久施設として継続したのが博物館であった。世界的にみ

ても，博物館や美術館は，国家的イベントである博覧会に際して建設されたもの[13] が多い。

1.4.1　国際博覧会とそのレガシー

　展示の話題に入る前に，博覧会そのものについて，少し述べてみたい。博覧会という催しは，フランス革命以降のパリで盛んに開かれるようになった。1849 年，フランスの首相が国際博覧会を提唱し，1851 年に第 1 回国際博覧会がロンドンで開催された。

　国際博覧会とは国際博覧会条約（BIE 条約）に基づいて行われる複数の国が参加する博覧会である。通称は万国博覧会であり，略称は万国博，万博である。また「博覧会」の英語「exposition」の略で EXPO（エキスポ）とも呼ばれる。国際博覧会条約（BIE 条約）は，1928 年に締結され，国際博覧会の開催について責任をもつ国際組織として，博覧会国際事務局（BIE）が，同年設立された。パリに本部を置く，この博覧会国際事務局によって承認された博覧会のみが，国際法上，国際博覧会（万博）を名乗ることができる。現在，国際博覧会は，大規模で総合的な登録博覧会（以下，登録博）と会期と規模，テーマに制限がつく認定博覧会（以下，認定博）に区分[14] されている。

（1）日本で開催された国際博覧会

　明治期以降，日本では盛んに国内博覧会[15] が開催されたが，国際博覧会も戦前に計画されていた。1940(昭和 15)年開催予定の紀元2600 年日本万国博覧会で，アジアでは初の万国博覧会となるはずであったが，戦争のため中止となった。ちなみに 1940(昭和 15)年には，オリンピックも計画されていた。[16]

　日本での国際博覧会が初めて実現したのは，1970(昭和45)年，大阪で開かれた日本万国博覧会（大阪万博）である。それ以降，日本での国際博覧会は，1975(昭和50)年沖縄海洋博覧会（沖縄海洋博），1985(昭和60)年国際科学技術博覧会（つくば科学万博），1990(平成2)年国際花と緑の博覧会（花博），2005(平成17)年には2005年日本国際博覧会（愛・地球博）が開かれた（表1−3）。これらの博覧会では，パビリオンとして建設された施設が，万博終了後にさまざまなミュージアムとして生まれ変わっている。[17]

　そして現在，2025年の開催をめざして，2025年日本国際博覧会（大阪・関西万博）の準備が進められている。

（2）博覧会会場のイメージ

　物品や資料などを集めて一般公開する催しとして始まった博覧会は，今日では，行楽や娯楽の場としての性格が色濃くなっている。一方で，インターネットやSNS等の新しいメディアの登場によって，エンターテイメントの場は著しく多様化し，国際博覧会の存在感が薄くなってきているのも否めない。日本では，2005(平成17)年の愛・地球博以降，国内博覧会も合わせて大きな博覧会は開催されていない。10代や20代の若者たちは，博覧会という言葉は知っていても，その場をイメージすることは，難しい時代といえよう。

　博覧会は，区画された会場の中で実施される催しであり，それは，テーマパークとも通じる。そこで国際博覧会とディズニーランドを比べてみたのが図1−11である。ディズニーランドに代表されるテーマパークを思い浮かべることで，博覧会会場の雰囲気をある程度，想像することができる。

表1-3　日本で開催された国際博覧会

日本万国博覧会 1970 年 大阪万博	会期：昭和 45 年（1970 年）3 月 15 日〜9 月 13 日 　　　（183 日間） 場所：大阪千里丘陵（約 350ha） テーマ：人類の進歩と調和 参加国：77 カ国（日本を含む）4 国際機関 総入場者数：6,422 万人 種別：一般博（一種）
沖縄国際海洋博覧会 1975〜76 年 沖縄海洋博	会期：昭和 50 年（1975 年）7 月 20 日〜昭和 51 年 　　　（1976 年）1 月 18 日（183 日間） 場所：沖縄（約 100ha） テーマ：海-その望ましい未来 参加国：36 カ国（日本を含む）3 国際機関 総入場者数：349 万人 種別：特別博
国際科学技術博覧会 1985 年 科学万博	会期：昭和 60 年（1985 年）3 月 17 日〜9 月 16 日 　　　（184 日間） 場所：筑波研究学園都市（約 100ha） テーマ：人間・住居・環境と科学技術 参加国：48 カ国（日本を含む）37 国際機関 総入場者数：2,033 万人 種別：特別博
国際花と緑の博覧会 1990 年 花博	会期：平成 2 年（1990 年）4 月 1 日〜9 月 30 日 　　　（183 日間） 場所：大阪鶴見緑地（約 105ha） テーマ：花と緑と生活の係わりを捉え　21 世紀へ 　　　向けて潤いのある社会の創造を目指す 参加国：83 カ国（日本を含む）37 国際機関，18 　　　園芸関係等の国際団体 総入場者数：2,313 万人 種別：大園芸博であり，自動的に特別博となる
2005 年日本国際博覧会 2005 年 愛・地球博	会期：平成 17 年（2005 年）3 月 25 日〜9 月 25 日 　　　（185 日間） 場所：愛知県瀬戸市南東部，豊田市，長久手町（約 　　　173ha） テーマ：自然の叡智 参加国：121 カ国（日本を含む），4 国際機関（国 　　　連は国連本部を含む 33 の国連関係機関を含む） 総入場者数：2,205 万人 種別：特別博として申請し，登録博として実施

外務省「日本における万国博覧会」より作成。入場者数は，別途資料により一部修正

似ているところ

国際博覧会　　　　　　　　　　　　　　　　　　　ディズニーランド

・テーマ館　　パビリオン ←── 展示館 ──→ アトラクション　・キャラクター系
・外国館　　　　　　　　　　　　　　　　　　　　　　　　　　　・ミステリー系
・企業館　等　　　　　　　　　　　　　　　　　　　　　　　　　・スリル系　等

会場内は，テーマに合わせて， ←── ゾーン区分 ──→ ファンタジーランド，アドベン
いくつかに区分されるのが通例　　　　　　　　　　チャーランド等，いくつかに区分

大阪万博では「太陽の塔」を ←── シンボルゾーン ──→ TDL では，シンデレラ城がラ
中心にお祭広場が作られた　　　　　　　　　　　　ンドマークとなっている

ロープーウエイ等（会場内） ←── 館内交通 ──→ モノレール（外周）
電気自動車等，各種乗り物　　　　　　　　　　　　電気自動車等，各種乗り物

随所に物産あり ←── ショッピング ──→ ワールドバザール

ファーストフードから高級レス ←── グルメ ──→ ファーストフードから高級レス
トランまで世界の味が楽しめる　　　　　　　　　　トランまで世界の味が楽しめる

ナショナルデーなど毎日どこ ←── イベント ──→ エレクトロニックパレード，
かで実施。イベントこそ，博　　　　　　　　　　　花火その他，随所で実施
覧会の魅力そのもの

異なるところ

期間限定（6カ月程度が多い）　　　　　　　　　常設施設
その期間しか体験できないと ←── 開催期間 ──→ 随時，変化・増殖していく
ころが魅力　　　　　　　　　　　　　　　　　　　ところが魅力

知識やメッセージ ←── ねらい・演出 ──→ 各種の
＋エンターテイメント　　　　　　　　　　　　　　エンターテイメント

図 1-11　国際博覧会とディズニーランドの比較

（3）大阪万博の開催

　博覧会を語るうえで最も重要であるのが大阪万博（写真 1-1）
といえよう。日本の経済成長を象徴する大阪万博は，半年で 6,400
万人を超える入場者を集めた 20 世紀最大の祭典である。会場を訪
れた人びとを魅了したのが，華麗に立ち並ぶ奇抜なデザインのパビ
リオンとその中で展開される斬新な展示であった。人気のアメリカ

写真1-1　大阪万博の会場
毎日新聞社提供

館や日本館など，連日，長時間待ちのパビリオンも多かった。

　この大阪万博では，アポロ宇宙船が持ち帰った月の石をはじめ，携帯電話やテレビ電話，リニアモーターカーや電気自動車など，現在にもつながる先端技術が紹介され，ファーストフードやファミリーレストラン，缶コーヒーなど，その後の生活の中で必需となっていくものも登場している。

（4）国立民族学博物館の誕生

　大阪万博は，終了後，ミュージアムの発展にも大きな影響を与えた。その一つが，国立民族学博物館（民博）の誕生である。大阪万博のテーマ館で陳列するため，神像や仮面，生活用品などの民族資料が世界中から収集されたが，博覧会の終了後にこのコレクションを継承するとともに，万博記念公園として整備された万博会場跡地

の中心施設として 1977(昭和 52)年に国立民族学博物館が開館した。

　初代館長である梅棹忠夫は「博物館があつめるのは，ものだけではなりません，ものにまつわる，あるいはものに直接関係のない，さまざまな情報こそは，博物館のもっとも重要な収集の対象であります。その意味では，博物館の「物」という字は誤解をまねきやすいので，むしろ，博情報館，あるいはちぢめて博情館といったほうがよいのではないかという意見もあるぐらいです」[18] として「博情館」という概念を打ち出している。これは，博物館は，モノの集積場所であるばかりではなく，「情報」の集積場所でもあるべきだという考え方であり，博物館の機能のあり方を情報という視座から捉えた画期的な理念といえよう。

　国立民族学博物館は，新しい展示の理念も生み出した。資料の展示では，資料と資料の組み合わせによる資料の相互関係のなかから，自然と発生する情報を得ることを基本目的とする展示形態として「構造展示」が提唱され，それを実現するための方法として，格子状のモジュールで展示場を構成するという展示デザインが採用された。館がもつ展示理論とそれを実現するデザインという関係式が初めて実践されたという意味で，今日的な博物館の展示デザインの始まりともいえるだろう。

　また，世界中の生活や文化を紹介する映像を利用者が選択し，視聴することができる「ビデオテーク」も登場した。今日では一般的になっている映像ライブラリーの先駆けである。

1.4.2　博覧会をきっかけに発展する展示技術

　大阪万博がもたらした，もうひとつのミュージアムへの影響が，この博覧会を契機とした展示技術の著しい発達である。黎明期の博

覧会では，珍しいものや新しいものを展示するだけで，人びとを集めることができた。人寄せパンダという言葉があるように，興味を引くものを見せることは，集客の原点といえよう。

　しかしながら大阪万博の時代になると，月の石をはじめ人気を呼んだ実物展示もあったが，各種のメディアを駆使した，その場でしか味わえない面白体験が人気を博した。

　映像を使った展示では，大型スクリーンやマルチスクリーン，選択式の映像など，当時の映画館や家庭では体験できない映像の使い方が人気を呼んだ。大阪万博のシンボルである太陽の塔に代表されるように造形技術も大きく発展するなど，それまでは職人芸の色彩が強かった日本の展示は，各種の表現技術やデザイン力を総合的にプロデュースした産業へと変貌するのである。

　そして大阪万博以降，新しい展示技術が，常設の施設として定着していったのが博物館や科学館であった。

（1）全国へ普及した大型映像

　展示技術は，その時々で実現している先端技術や各種技術の組み合わせから成り立っている。博覧会では，時代時代の最新的な表現技術を集客の目玉展示として導入する事例が数多くみられる。そして期間限定のイベントである博覧会を実験の場として試された技術のいくつかが，常設的な展示手法としてミュージアムのなかで定着していくという流れは，ひとつの定石となっている。

　1985（昭和60）年のつくば科学万博では，パビリオン，なかでも企業パビリオンのほとんどが，超大型映像，立体映像，マルチスクリーン，参加型映像など，趣向を凝らした映像システムを採用したため「映像博」との異名をとった。各パビリオンが集客力を競った

結果，その当時として最新の映像技術が多用されたのである。

　そのなかで常設化に適していた全天周映像は，プラネタリウムに併設される設備として，科学館を中心に全国へ普及していった。

（2）デジタル映像のショーケース

　つくば科学万博の時代には，大型とはいってもアナログ映像が主役であったが，ICT による技術革新によって，今日では，インタラクティブメディアの活用が，博覧会の主流となっており，世界初を標榜する数々の試みがなされている。

　2005（平成 17）年の愛・地球博は，日本で久し振りに開催された万博であるが，その頃，本格的に台頭し始めたデジタル映像のショーケースとなった。

　日立館では，仮想現実とショーライドを組み合わせた演出やインターネットを使った展示への参加等が話題を呼んだ。三井・東芝館では，映画のストーリーの中に観客や役者として参加できるという参加型の CG 映像を実現した。長久手日本館「地球の部屋」は，球体内部の壁すべてがスクリーンとなる，世界初の 360 度全天球型映像シアターである。後に，国立科学博物館へ移設され，恒久展示として使用されている。

（3）陶板技術が可能にした新しい展示表現

　映像以外にも，博覧会での展示が話題を呼んで，その後，ミュージアムで盛んに使われるようになったものもある。そのひとつが陶板画である。

　大阪で 1990（平成 2）年に開催された国際花と緑の博覧会（花博）に出展されたダイコク電機「名画の庭」は，世界の名画を焼き付け

た陶板画を屋外の庭園で鑑賞する屋根の無いパビリオンである。ここで採用された陶板画[19]は,耐久性に優れ,精密な絵を正確なサイズで再現できるというセラミックの最先端技術から生まれたものである。

　博覧会終了後には京都府に寄贈され,1994（平成6）年に京都府立陶板名画の庭が開館した。そして1998（平成10）年には,西洋名画を複製した陶板画を展示するユニークな美術館として大塚国際美術館が開館した。

　またこの陶板画の技術は,1994年開館の滋賀県立琵琶湖博物館でも採用された。1万分の1縮尺の琵琶湖水系の写真を床面に展開した展示は,話題を呼んだが,来館者が歩く床面に写真を正確に焼き付けることを可能にしたのが,この陶板画の技術である。

（4）ロボットは時代を超えたヒーロー

　博覧会で人気の展示がロボットで,大阪万博あるいは,それ以前から登場してきた。

　その第一が,キャラクターとしてのロボットであり,対極にあるのが,先端の科学技術を駆使した,いわば"本物"のロボットである。つくば科学万博のテーマ館に,当時の最先端ロボット研究の成果から生まれた鍵盤楽器演奏ロボットや二足歩行ロボットが出展された。時は流れて2000（平成12）年になると,華麗に二足歩行する本格的な人間型ロボットが登場した。ホンダ（本田技研工業株式会社）が開発したアシモ（ASIMO）である。トヨタ（トヨタ自動車株式会社）もロボットの開発を手がけ,愛・地球博のトヨタグループ館[20]で出展された。

　愛・地球博には,さまざまなロボットが登場した。2014（平成26）

年に市販が開始されたペッパー（Pepper）は，こうしたロボット開
発の流れを踏襲したものとして捉えることができる。

1.4.3　21 世紀 – 世界の国際博覧会

　21 世紀最初の国際博覧会である 2005(平成 17)年開催の愛・地球
博は，現在の国際博覧会条約で 5 年に一度開催されるとされた「登
録博」の最初の博覧会[21] であり，次が 2010 年の上海国際博覧会（上
海万博），2015 年はミラノ国際博覧会（ミラノ万博），2020 年にはド
バイ国際博覧会が開催される予定であったがコロナ禍により 1 年延
期された。

　そして 2025 年には，愛・地球博以来 20 年ぶりに日本での国際博
覧会（大阪・関西万博）が計画されている。

　インターネットが普及し，娯楽も多様化している 21 世紀となっ
てもなお，世界的に国際博覧会の開催は続いている。そこで，上海
万博以降に開かれた 3 つの国際博覧会の概要を述べてみたい。

（1）上海国際博覧会（上海万博）──繁栄する中国を象徴する史上
　　　最大の博覧会

期間：2010 年 5 月 1 日〜10 月 31 日
テーマ：より良い都市，より良い生活

　この博覧会では，繁栄する中国をアピールするために世界一を標
榜し，それまでの最大規模だった大阪万博を上回り，万博史上最大
の博覧会を実現することが目標とされた。会場面積は，大阪万博が
約 330 万 m^2 であるのに対して約 528 万 m^2（約 1.6 倍），入場者数は
大阪万博が 6,422 万人に対して 7,308 万人（約 1.1 倍）である。

　絶大な人気を誇るのが中国館で，会場のほぼ中央に位置し，会場

写真1-2　会場のどこから見ても
　　　　　目立つ中国館

写真1-3　北栄時代の絵画「清明
　　　　　上河図」をデジタル化
　　　　　した電子絵巻

の至るところから見える上海万博のランドマークとなっている（写
真1-2）。テーマは，都市開発における中国の知恵で，最大の見も
のは，人や動物がデジタル画像で動くようにした電子絵巻物であ
る。絵巻の画像を動かす技術は，日本でも見られるが，高さ6.5m，
長さ128mの巨大なスケールでそれを実現している（写真1-3）。

　都市人館，都市生命館，都市地球館の3館がひとつの建物に入っ
たテーマ館は，何れのパビリオンも巨大な空間の中で大型映像や造
形物を展開し，そのスケール感に圧倒される。日本では決して見る
ことのできない展示表現であり，主催者の気合が感じられる。

（2）ミラノ国際博覧会（ミラノ万博）──食という身近なテーマで
　　人気を集める

期間：2015年5月1日～10月31日

テーマ：地球に食料を，生命にエネルギーを

　ミラノ万博は，そのテーマから，俗に「食」の万博ともいわれて
いる。テーマ館は，パビリオン・セロ（Pavilion Zero）という名称で，
国連が進める飢餓ゼロへの挑戦（Zero Hunger Challenge）の活動と

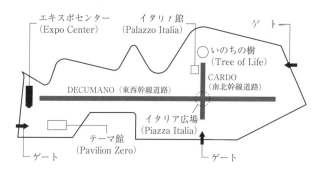

図1-12　会場の中心軸となるふたつの大通り

リンクした内容となっている。

　会場にはDECUMANO（東西幹線道路）と，それと交差する
CARDO（南北幹線道路）という2つの大通りがあり，会場構成の
中心軸となっている（図1-12）。

　CARDOの周辺は，開催国イタリアの各団体が出展するパビリオ
ンが並ぶイタリアゾーンとなっており，その中心がイタリア館
（Piazza Italia）である。建物は，中央に大きな吹抜けを有する数階
建ての構造で，万博終了後は恒久建築として使われることが想定さ

写真1-4　イタリア館といのちの樹　　写真1-5　日本館のレストラン風
　　　　　　　　　　　　　　　　　　　　　　　　シアター

れる。

　外国館のなかで一番の人気は，共存する多様性（Harmonious Diversity）をテーマとして掲げた日本館[22]で，日本の食文化の魅力を斬新な演出で紹介している。展示のクライマックスがレストラン風のシアター（写真1-5）で，進行を司る大型映像とともに，テーブル風に設えた座席ごとに1台のモニターが置かれ，箸を使ってタッチパネルを操作するというユニークな方式が採用されている。

　日本館は，博覧会国際事務局（BIE）が主催するパビリオンプライズ（褒賞制度）[23]の展示デザイン部門で「金賞」を受賞した。登録博における日本館の「金賞」受賞は史上初の快挙である。

（3）アスタナ国際博覧会（アスタナ万博）──中央アジア初の博覧会

期間：2017年6月10日～2012年9月10日

テーマ：未来のエネルギー

　国際博覧会条約では，5年間隔の「登録博」の間に，「認定博」を1回，開催することができるとしているが，2015年のミラノ万

写真1-6　Nur Alem

写真1-7　ICTを使ったショーライドも登場

博と 2020 年ドバイ万博（2021 年に延期）の間に開催されたのがアスタナ万博である。

　円形の会場の中心にある球形の建物が「Nur Alem」（写真 1 - 6）る。その周囲には，大屋根がかけられ，商業施設館やホールが設けられている。さらに，その外周にある 4 つの建物群には，テーマ館

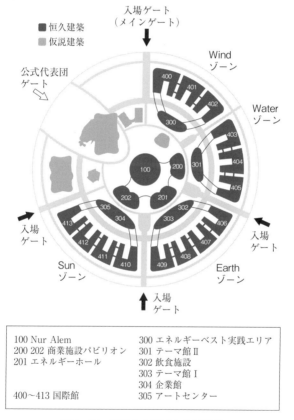

図 1-13　アスタナ万博の会場構成

や企業館，そして国際館（外国館）となっている（図1-13）。

　欧米からスタートした国際博覧会は，やがて東アジア（日本，韓国，中国）へと広がったが，アスタナ万博は，中央アジアで初めての国際博覧会である。次のドバイ万博が中東であり，2023年予定の「認定博」がブエノスアイレス（南米）であるなど，国際博覧会の開催地は世界各地へと広がっている。アスタナ万博の会場構成が，これまでの博覧会にはなかった個性的なものであることを考えると，21世紀の国際博覧会は，開催国の特色に合わせて，さらに多様化していくことが期待される。

引用参考文献・注 ————————————————————

1：水嶋英治「序章　博物館情報学体系化への試み」水嶋英治・田窪直規編著『ミュージアムの情報資源と目録・カタログ』（博物館情報学シリーズ1）樹村房，2017，p.11.

2：山田忠雄ほか編『新明解国語辞典』第7版，三省堂，2012.

3：石渡美江ほか編『博物館学事典』東京堂出版，1996，p.178.

4：全日本博物館学会編『博物館学事典』雄山閣，2011，p.224.

5：梅棹忠夫「記念講演＝展示学の課題と方法」『展示学』1号，日本展示学会，1984，p.2-12.

6：高橋信裕「現在の展示，これからの展示」『展示学』53号，日本展示学会，2016，p.34-35.

7：寺澤勉「「展示学」の現在＋未来キーワード The Mandara」『展示学』47号，日本展示学会，2009，p.36-41.

8：寺澤勉「日本と欧米の「ディスプレイ」の違い」ディスプレイの世界編集委員会編『ディスプレイの世界』日本ディスプレイデザイン協会，1997，p.13.

9：1959（昭和34）年に大阪で，1963（昭和38）年に東京で任意団体として結成された団体が1974（昭和49）年に統合して日本ディスプレイデザイン協会が誕生。2012（平成24）年2月の一般社団法人への移行を期に日本空間デザイ

ン協会（DSA）へ改名。5支部3地区で構成される政府公認の全国組織。
日本空間デザイン賞（日本商環境デザイン協会との共催）は，日本で唯一
かつ最大の表彰制度で11のカテゴリーからなる。博物館・文化空間という
カテゴリーがあり，これは博物館展示を対象とした賞としては唯一のもの
である。

10：展示の場は建物内だけではなく，野外博物館やストリート彫刻等，屋外
　　の場合もあるが，論を整理するため屋内を前提に考察する。

11：博物館における匂いの展示は，大分香りの博物館や滋賀県立琵琶湖博物
　　館等が実施している。

12：殖産興業を標榜する明治政府が開催した国内博覧会で1877(明治10)年か
　　ら1903(明治36)年まで5回開催された。

13：シカゴ科学産業博物館は1893年のシカゴ万国博覧会で使われた建物を使
　　用している。2010年の上海国際博覧会の中国館は，中華芸術宮という美術
　　館になっている。

14：かつては，幅広い分野をテーマとする一般博と特定分野のテーマを掲げ
　　る特別博に区分されていたが，1988年に条約が改正され現在の区分になっ
　　た。

15：欧米の博覧会の影響で明治期に盛んに開催された。大正から昭和期，戦
　　後から昭和30年代，昭和50年代から平成の初めにかけても博覧会ブーム
　　が起こっている。

16：1940(昭和15)年が神武天皇の即位から2600年目にあたるとされたことか
　　ら，日本政府は，国威高揚のためのさまざまな国家イベントを計画した。
　　そのひとつが万国博覧会であり，東京オリンピックであった。後に札幌で
　　の冬季オリンピックも計画された。

17：大阪万博の「万国博美術館」は，国立国際美術館（現在は中之島に移転）
　　となった。沖縄海洋博の海洋文化館は恒久施設として残り，海洋生物園は
　　沖縄美ら海水族館に生まれ変わった。つくば科学万博の第二会場のつくば
　　エキスポセンターは，科学館として活動を続けている。

18：梅棹忠夫『メディアとしての博物館』平凡社，1987，p.17.

19：大塚オーミ陶業株式会社の製品で，同社の特殊技術からつくられている。

20：二足歩行トランペットを演奏する人間型のロボットなど各種のロボット
　　が登場。2010年上海万博でもバイオリンを弾くロボットが登場した。これ
　　らのロボットは，トヨタ産業技術記念館で展示されている。

21：愛・地球博の申請時は旧条約が有効であったため「特別博」に区分され，

承認時には現在の条約の「登録博」に該当するとされた。このため，新旧両条約による国際博覧会となった。

22：閉幕直前には，10時間待ちの日もあり，並ぶのが嫌いなイタリア人が長蛇の列をつくったと新聞や雑誌等でもその人気ぶりが報道された。

23：この賞は，2,000m^2 以上のパビリオン，2,000m^2 以下のパビリオン，集合館の３つのカテゴリーに区分され，各カテゴリーに，「建築と景観」「展示デザイン」「テーマ」の３部門の賞が設けられている。

2章

博物館展示の現在・近未来

　本章では，人びとを取り巻く情報環境が多様化，高度化するなかで，今日および近未来における博物館展示の動向と潮流を概観する。

　展示の構成は，伝えようとする意図の置き方によって，見せ方（手法・表現）に違いと特色が現れる。例えば，国宝級の「洛中洛外図屏風」を"お宝"として展示する場合，鑑賞に適したアメニティ環境の創出が優先されがちだが，一方では，文化財への負荷に対する保全策，運営側の展示メンテナンスに際する至便性への配慮等が検討され，その結果，屏風という事物が文化財として印象深く受け手側に伝わり，その存在と高度な表現技術が鮮明に顕在化する。

　この場合のお宝の展示には免震装置が装着され，ケースには高透過率，低反射，飛散防止策等の施されたガラスとともに，気密性の高いエアタイト仕様の什器デザインが採用される。反面，鑑賞者に対しては，そうした什器の機能的仕様（ヒンジ＝蝶番，光源，施錠，支柱（帆立て）の位置等）への配慮がなされ，設備面での人為的工夫が意識されないように，デザインされることが多い。見てもらいたいのは，お宝である屏風という1点だからである。

　美しく，感動的に鑑賞ができ，本物との出会いでしか得られないワクワク感，ドキドキ感に包まれる。博物館・美術館の展示の魅力は，まさにここに原点がある。

　一方，展示の送り手側のモチーフがコト（事象）の展示に軸足を

置いた場合，屏風の展示要素に，時代背景や制作年代，作者，画法，流派，描かれた画題の風俗考証，モデルとなった土地の今昔対比等，伝えようとする情報内容が，構造的にストーリー化（シナリオ化）され，そのストーリーに沿ってパネルや，仮想現実をリアルに立体造形化したジオラマ，模型，音や映像でデジタル加工したICTメディア等の組み合わせが，動線に沿って落とし込まれる。この場合，実物であるモノは，送り手側が伝えようとするコトの裏づけ素材の一つとして位置づけられ，展示されることが多く，貴重でお宝的なものはレプリカで代用される場合が多い。この種の展示は，情報を多様な表現メディアを用いてストーリーの中に仕分け，配置し，来館者の興味，関心に訴えかけるデザインに特色がある。

　また，展示には上記の主に視覚や聴覚に訴えかける手法や演出とともに，直接来館者の身体感覚に訴えかける体感型展示がある。

　現在，マンガ雑誌やテレビアニメ等で人気の創作マンガ，つまり2次元の作品や物語を3次元の舞台で実際の生身の人間たちが演じるパフォーマンスを2.5次元パフォーマンスと称し，マスコミなどに取り上げられている。博物館の展示でいえば，教科書やEテレ等の内容を3次元の実空間で再現し，来館者自身がそれらに参画し，操作するなどの行為をとおして展示対象に接する形態にあたり，科学館の展示に典型的にみられる。

　さらに，今だけここだけの出会いに，来館者とエデュケーター（コミュニケーター），また来館者同士等による双方向型のヒューマンなコミュニケーションを基調にし，そのライブ性を活かした展示形態が展示現場にみられるようになっている。出版や通信の発達にともなって人と人との直接のふれあいによる感動や驚きが遠のきがちな現代社会にあって，送り手側と受け手側との間の壁を取り払い，

会話や対話を基調としたライブ感覚の展示の可能性に期待が寄せられ，展示のフォーラム化，シアター（演劇）化の傾向がみられる。そこにエンターテインメント的パフォーマンスのスキルアップが加わり，博物館展示のもう一つのジャンルとして成長が期待されている。

　超高精細なデジタル画像を表現媒体とする非接触型の VR（バーチャルリアリティ）装置の開発など，コンピュータテクノロジーの進展を背景に，人びとを取り巻く情報環境が多様化，高度化し，「いつでも，どこでも，誰にでも」のインタラクティブなコミュニケーションが，場という限定された空間（博物館）を超え，ネットをとおして交歓（感）可能となっている。コロナ禍の今日，今後ますます情報化が個人個人に浸透し，個人による情報操作が自由になっていく状況のもと，「今だけ，ここだけ，あなただけ」の情報環境にある博物館は，今後どのように取り組んでいくべきか，この章では，以上に述べた４つの展示形態を類型化し，それぞれの特色について論じるとともに，今後の方向性を展望する。

2.1　展示構成の４類型

　現在および近未来の博物館展示について，そのねらい，構成の特色，デザイン展開の観点から以下の４類型に整理，分類した。

　①モノ自体が展示の意図や価値を伝える展示

　②メッセージ性をもち，情報メディア等により，知識や情報を伝える展示

　③視覚・触覚・聴覚・臭覚など直接五感を介して知識を触発する体感型展示

　④人と人とのふれあいをとおして楽しみ，交流する展示

①モノ自体が展示の意図や価値を伝える展示

資料や作品そのものの存在が観覧者を魅了する

東京国立博物館本館の展示例

②メッセージ性をもち，情報メディア等により，知識や情報を伝える展示

資料とともに，パネル，模型，ジオラマ，視聴覚機器等がテーマの歴史，文化を伝える

遠野市立博物館の展示例

③視覚・触覚・聴覚・臭覚など直接五感を介して知識を触発する体感型展示

来館者の参加行動が展示に働くことで，展示の意図や意味が明らかになる

名古屋市科学館の展示例

④人と人とのふれあいをとおして楽しみ，交流する展示

ヒューマンなコミュニケーションによる感動と発見の博物館体験

長崎歴史文化博物館の展示例

図2-1　展示構成法の4類型

2.1.1 展示形態およびメディア一覧

　また，これら4類型に分類した展示構成法に加え，展示現場で採用している展示機器やメディア類を分類整理し一覧表化した（図2-2）。

　展示の構造を理解しやすくするため，「①モノ自体が展示の意図や価値を伝える展示」を「1．資料系展示」，「②メッセージ性をもち，情報メディア等により，知識や情報を伝える展示」を「2．情報系展示」，「③視覚・触覚・聴覚・臭覚など直接五感を介して知識を触発する体感型展示」を「3．参加体験系展示」，「④人と人とのふれあいをとおして楽しみ，交流する展示」を「4．ヒューマンリレーション系展示」とし，概念としての展示構成と具体的な展示手法との関係が容易に理解できるように努めた。

2.2 資料系展示──モノ自体が展示の意図や価値を伝える展示

　人文科学系においては，美術館展示にみられる美術作品や工芸作品，歴史館展示にみられる埋蔵文化財や歴史資（史）料，民俗資料館にみられる生活民具や農機具などが対象となる。一方自然科学系においては，恐竜化石や動植物，昆虫等の標本類，また理工系においては，産業遺産関連のエポックメイキングとなる機器，機械類等が挙げられ，博物館の原点といえる，実物（モノ）を装い置く展示形態である。

　収集・保管，調査・研究，教育普及等の博物館が担う機能のなかでも，特に展示は一般に公開され，親しまれ，社会的な存在意義を

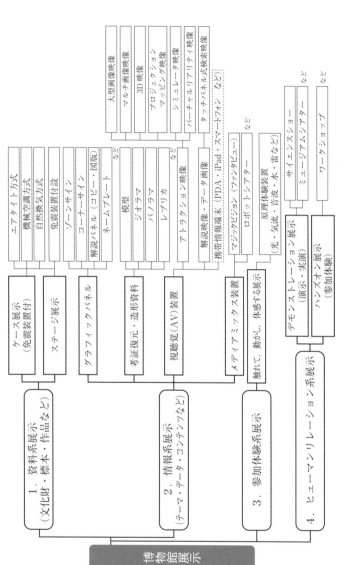

図2-2 展示形態およびメディア一覧

担い，発揮することから重要視される。

2.2.1　展示ケース

　モノを貴重視する展示ケースには，低反射，高透化ガラスを使用し，視野を遮る金具のフレームや支柱（帆立て）を無くするなどケース仕様に鑑賞者に配慮した取り組みがなされる一方，展示公開による物理的劣化の要因となる光害，カビ，菌虫害への対策，地震や火災，盗難に対する装備，加えて運営サイドの学芸員らによる日常の展示替えや設営，移動等の業務の容易さなど，細やかなチェックポイントが施主サイドおよびケースをデザイン，設計，製作する事業者側に求められ，マニュアル化が進んでいる。近年では，光源にLEDを採用する事例が一般化しているが，さらに低発熱で紫外線を放射しない有機EL照明を搭載した次世代型展示ケースが開発され，東京国立博物館等で実用化されている。絵画などの平面作品を"面発光"で際立てる光環境の創出が注目されている。

　なお，展示公開と同時に展示物の保存管理に万全を期すべき展示には，文化庁から文化財の展示環境ならびに設備，手法等に対する指針や基準が出されている。留意しておくべき点を抄出しておく（表2-1）。なかでも，文化庁が認定する「重要文化財の所有者及び管理団体以外の者による公開に係る博物館その他の施設の承認に関する規定」については理解を深めておく必要がある。

　これらの規定は，いわゆる「公開承認施設」に則るもので，この規定により承認されると国指定の重要文化財などの公開手続きの簡素化が図られるというアドバンテージ（利点）を得ることができる。

表2-1　文化財保存の取り組み（抄）

「有形文化財（美術工芸品）の展示を主体とする美術品または美術工芸品を多く取扱う博物館等の施設配置に関する基準について」（昭和45年／文化庁文化財保護部）

この基準では，以下の取り組みなどが挙げられている。
・展示品に対する照明は，自然光，人工光ともに展示品の表面照度が200ルックス以下に抑えられていること。
・温湿度調整の標準値は摂氏20度，相対湿度60％とする。ただし，温度は，その土地の夏期における最高気温の平均値マイナス5度，冬期平均気温プラス5度程度保持でもよい。

「文化財公開施設の計画に関する指針」（平成7年8月／文化庁文化財保護部）

この指針が告示された平成7年1月には「阪神・淡路大震災」が発生している。
・展示ケース内の温湿度調整法については，環境や将来の管理・運営を考慮したうえで以下の3タイプから最適なタイプを選択する。「調湿剤使用方式」（密閉度の高いケースで，調湿剤で湿度を管理），「空調方式」（機械による空調，恒常的に行う必要がある），「自然換気方式」（展示室内の空気をケースに導入する方式，フィルター交換が必要）。
・展示ケースには地震等の災害や不慮の事故を考慮して，張り合わせガラス等を使用することが有効である。
・移動ケースは，重心の位置を低くし，横滑りなどの防止対策を講ずる。

「重要文化財の所有者及び管理団体以外の者による公開に係る博物館その他の施設の承認に関する規定」（平成8年8月／文化庁）

「重要有形民俗文化財の所有者及び管理団体以外の者による公開に係る博物館その他の施設の事前の届出の免除に関する規定」とほぼ同じである。＊参照

「文化財（美術工芸品）の防災に関する手引き」（平成9年6月／文化庁文化財保護部）

喫緊の課題として自然災害への取り組みが具体的になされる。
・展示ケースに免震装置の導入等を検討する。
・展示ケースのガラスは，展示品と観覧者に対する安全性が求められることから，張り合わせガラス，飛散防止フィルムの使用などが有効である。ガラスの厚さは耐震性や衝撃に対する安全性を考慮し，10ミリ程度を確保する。
・ケース内の天井にルーバーを設置する場合は，留め金具を取り付けるなど，振動による落下防止対策を講じる。
・ケース内展示の場合，上下に展示棚を設置したり，ひな壇式にする展示は，上段の展示品の落下により下段の展示品を損傷させる危険性が高く，好ましくない。
・巻子装（絵巻，文書，地図等）の展示は，台の移動の防止策とともに，傾斜角度を水平角30度以下に抑える。

・工芸品の支持のために使用するテグスは，テグスを張る方向に対して鋭角に釘を打って固定する。展示が長期間に及ぶ場合には，定期的に交換する。

＊この規定に基づき文化庁長官が承認した施設を「公開承認施設」と呼び，煩雑な事前の手続きなく，公開後の届けで足りるとされている。その承認の基準のいくつかを挙げておく。
　・重要文化財の保存及び活用について専門的知識又は識見を有する施設の長が置かれていること。
　・学芸員の資格を有する者で，文化財の取扱いに習熟している専任の者が2名以上置かれていること。
　・温度，相対湿度及び照度について文化財の適切な保存環境を維持することができる設備を有していること。

2.2.2　ステージ台

　展示ケース等の什器の存在感は，鑑賞者にとってはできるだけ抑えられることが望まれる。そのため，大きな石造物や仏像彫刻等はガラスケースを取り払い，そのモノ自体を露出展示（オープン展示）することが行われる。課題は，地震など天災への対応である。ステージ台の下部に免震装置が装備され，揺れを大幅に低減することで展示品への負荷を抑える免震機構が開発されている。

　免震装置の実用化が進んでいなかったころは，展示物を固定する金具等が視野に入り，痛々しさを感じさせたものである。

　免震装置は，展示ケースそのものに搭載する場合，ケース内部の展示台に装着する場合，展示室の床全体に導入する場合，建物自体に取り入れる場合がある。

　展示ケースや展示台の仕様には，円弧状レール式，直動ベアリング式，すべり式等がある。

2.3 情報系展示──メッセージ性をもち，情報メディア等により知識や情報を伝える展示

　展示という行為を日本展示学会元会長の川添登は「意味世界を創り出すデザイン」と明言している。博物館の展示では，この意味世界が文字や言語，映像・音響，立体造形等のさまざまな表現手法を用いて構成され，それらが空間の中に装置化（ハード化）されて各コーナーを占める。文字による意味世界の展示には，写真や図版とともにグラフィックパネルが階層化，規格化されて配置される。意味世界をリアルな疑似空間として再現する展示には，模型やジオラマ・パノラマ等がスケール感をともなって装い置かれる。映像・音響を媒介とする意味世界の展示には，アトラクション仕様の大型映像装置やデータ検索に至便なタッチパネル式映像装置等が導入される。こうしたメッセージを伝える展示形態および演出について論述する。

2.3.1 グラフィックパネル

　博物館展示は，実物（モノ）を一般公衆に展示・公開する場として，その存在と役割を担う社会教育機関である。ただ，実物（モノ）には名称，用途，製作法，歴史的変遷，分布など多くの意味が潜在化しており，当然そこにはモノとともに，意味を伝えるメディアが必要とされ，説明票（プレート，ラベル）がグラフィック表現されるようになる。実物とグラフィック展示の組み合わせは，博物館展示のプロトタイプ（原型）といえよう。

　グラフィック展示は，情報の送り手側の意図やねらいを伝える表

現手段としてはふさわしい条件を備えているが，観覧者側の受け容れ効果としては，マンガタッチのキャラクターの採用などの工夫を要する。

（1）寡黙な実物（モノ）に語り部のグラフィック

　モノ（実物）の展示は，資料や作品そのものの存在が価値を放つ場合であっても，そのものに付帯する基本的な情報はプレート，ラベルなどによって提供される。名称や製作者名，製作年代，用途，素材など，実物が内包するメッセージの表出は，博物館展示の基本をなすものである。現在では，QRコードを掲示し来館者の携帯情報端末から詳細情報を取り込む，Web通信を導入した情報へのアクセスシステムが普及しつつある。

（2）情報の体系化と論理的な構成

　博物館展示を企画，デザインし，動線やゾーニングを手掛ける際に，グラフィック展示の存在は，送り手側の意図や内容を書籍の編集とほぼ同じような取り組み方で整理，体系化することを容易にする。すなわち章（大項目），節（中項目），項（小項目）などのツリー構造化したマトリックスで情報を秩序だった層位に分化整理し，それら層位ごとにロゴや文字数，色彩等により，それぞれの規格化を図る。この方法はデザイン全体に統一感と特色をもたらすことで，伝えようとする内容を展示者側の意図どおりに明確かつ鮮明に打ち出すことができる。ただ，観覧者である情報の受け手には，必ずしも魅力ある展示とは映らない。

（3）空間に劇場的イメージ効果をもたらすグラフィック

　グラフィック展示には，展示空間での場所や位置を明示する案内サイン的な機能をもつもの，展示内容の語り部的役割を果たすストーリーテラー的機能を担うもの等がある。さらに，展示されたモノの意味や存在を，使用されていた時代環境や状況を舞台装置的に再現し，臨場空間の創出のもとに展示物を配置し，興味，関心を引く演出もグラフィック展示が担う。舞台装置的な空間での展示である。この発展系がジオラマ展示となる。

2.3.2　考証復元・造形資料

　観覧者の興味，関心を触発し，没入感と臨場感をともなって知識を伝達する３次元の立体造形展示。さまざまな学術調査をもとに考証再現する展示装置で，ジオラマやパノラマ等の呼称で博物館資料として常套的に採用されている。

　展示の対象をよりリアルに，具体的に視覚化することで一般大衆の理解を容易に導くとともに，モノ（実物・標本）やグラフィック表現等を取り入れ，情景再現のアトラクション的効果を活かし，展示の「目玉」として位置づける例も多い。

（1）模造標本

　動植物等の実際の姿をありのままに写しとり，樹脂や化学的代用物等を用いて造形化し，本物そっくりに博物館資料としたもの。

　自然史博物館によくみられる植物の種類ごとにリアルに再現された植物標本等が典型的な事例である。

写真2-1　ボックスジオラマ（沖縄県立博物館・美術館）
道具，作業着，栽培植物，生産法，季節，風習・風俗等が3次
元のジオラマに綿密に配置されている。

（2）ボックスジオラマ

　動植物の生息地，あるいは使用や用途の状況等を環境ごとリアル
に造型化する展示手法が博物館展示に多く採用されている。

　こうした展示手法は，一般の人びとの興味，関心を引きつけると
ともに，理解を容易に導く効果から博物館独自の展示として発展し
てきた。こうした状況をリアルに再現するスケール感豊かな再現ジ
オラマの対極に，対象とする事物や事象の環境を背景に描き（遠近
法を用いることが多い），前面に立体造形物を配するボックス（ス
ポット）ジオラマがある。伝える焦点を絞り込んだボックスジオラ
マは，ジオラマ展示の原点でもある。

（3）ミニチュアジオラマ

　視覚に臨場感をもちこみリアルに訴えるジオラマには，考証復元
にあたっての学際的な研究成果が求められる。例えば考古学，建築
学，植物学，人類学，衣服学，道具学，農学など，さまざまな分野
からの専門的な考証がジオラマ表現を可能にし，同時に博物館資料
としての価値が保証される。この種のジオラマスタイルには，四周

写真2-2　ミニチュアジオラマ（ジオラマ縮小タイプ）
（東京都立江戸東京博物館）

からの観察を意図したオープンなミニチュアジオラマが多くみられる。本来，ジオラマといえば，２次元の背景画に実物，剥製，造形物等の３次元の物象を配列したものとされてきたが，近年では必ずしも背景画をもたない立体造形をジオラマと呼称する例がみられる。

（4）情景再構成ジオラマ

　事物や事象が実在した時代環境をリアルに再現し，観覧者が展示との立ち位置を共有する実寸大の情景再現ジオラマである。歴史系の博物館での導入例が多い。

　展示の構成として，ジオラマと観覧者との間に結界を設ける見せ方と，結界を設けずジオラマの世界に観覧者自身も入り込み，タイムスリップ感覚をよりリアルに体感できるオープンな構成の事例がある。

写真2-3　オープンジオラマ実寸大タイプ（奈良県立
万葉文化館（万葉ミュージアム））

2.3.3　視聴覚（AV）装置──音と映像を用いた視聴覚メ
ディアによる展示

　博物館展示における「視聴覚メディア」の採用と活用は，早くか
ら見通されており，1930年頃すでに棚橋源太郎は，その著書『眼
に訴へる教育機関』（寶文館，1930）で「単に標品，模型，絵画ば
かりでなく幻燈や活動写真，映画の助けを借りることが極めて多
い」とし，従来博物館が担ってきた「庶物示教や直観教授」の機能
が，視聴覚メディアの登場と普及により，「遙かに広範囲に亘り，
且つ多少の新し味を加えてきた」と，博物館展示が新たな時代に移
行しつつあることを予見している。
　現代では，こうした視聴覚メディアの開発がコンピュータテクノ
ロジーの進展によって，画像（静止画・動画），音声等のマルチメ
ディア化が可能となり，同時にアナログ形式からデジタル化への技
術革新が記憶容量の飛躍的拡大およびデータ通信の超高速化をもた
らし，加えて装置のハンディモバイル化と価格の大衆化が個々人の

情報装備化を促進し，「いつでも，どこでも，誰にでも」の情報環境が，博物館展示の現場に新たな潮流をもたらしている。

写真2-4　大型マルチ映像展示（長崎歴史文化博物館）

写真2-5　CGにより動画化された中国の「清明上河図」の展示例（上海万博／中国館）

（1）アトラクションタイプの視聴覚メディア展示

　博物館は教育機関であり，同時に学術研究機関の役割を担う施設であるが，一方ではレクリエーションを楽しむ憩いの場としての役割も負託されている（博物館法第2条）。その意味で，学びのなかに人びとの関心を呼び興味を促す客寄せ的な要素が取り入れられている。視覚や聴覚，ときには触覚にまで訴求する視聴覚メディアは，博物館展示の目玉としても集客力を発揮し，CGやプロジェクションマッピングなど最先端の技術や手法が導入されている。

（2）データ検索を主とした双方向型の視聴覚メディア展示

　従来，博物館の情報はグラフィック展示が基調をなし，物理的な制約から限られた情報量しか伝えることができなかった。しかし，現代のコンピュータリゼーションの進展により，大量のソフト（情報）が電子ストック化されるとともに，高速度による情報検索が可能となり，近年博物館の情報コミュニケーション環境は大きく変化してきている。アナログのグラフィック表現は，動線上での位置情報を担うサイン的機能に特化され，展示情報としてのテキストや写真，図版等のリソースは，デジタルアーカイブズ化され，双方向機能をもつコンピュータ表示装置（タッチパネル式ディスプレイデバイス）によって，観覧者の求める情報が提供される。

　従来では，ジオラマで造形化される資料の情報やデータ等の受発信も，タッチパネルシステムが担うデジタル画像（静止画・動画）展示に移行しつつある。

（3）パーソナルメディアを活用した視聴覚メディア展示

　現代社会を象徴するキーワードにPDAやiPhone，iPad，スマー

写真2-6　3Dプロジェクションマッピング映像を導入したアトラクションシアター（新江ノ島水族館）

写真2-7　多種多彩な哺乳動物の剥製群をタッチパネルシステムにより情報検索。個々の動物の生態環境も動画等で配信（国立科学博物館）

トフォンなどの携帯情報端末が挙げられるほど個々人の情報装備化は普及し定着してきている。博物館展示の視聴覚メディアもスタン

写真2-8　ジオラマ展示とタッチパネル映像展示との組み合わせ展示（遠野市立博物館）

ドアロン方式から LAN 化，さらにはネットを通じたオンライン化へと場の制約からの開放が進みつつある。利用者は自己の携帯するパーソナル端末メディアで，博物館展示と向き合い，展示者や来館者同士（ファミリー，知人・友人ら）が会話をとおし，展示をさらに深耕させていく躍動感のあるフォーラムの場に向かいつつある。

　「今だけ，ここだけ，あなただけ」の博物館体験が，ネットをとおした新しいスタイルのもとで生まれ変わろうとしている。

　開設の当初からコンピュータテクノロジーの開発と活用に取り組んできた国立民族学博物館は，博物館展示にパーソナルメディア（携帯情報端末）を先駆けて導入した館として知られている。ビデオサーバーに集積，収納した展示情報を各コーナーに設けられたゲートウェイをとおして，観覧者の「みんぱく電子ガイド」の端末上に映像，音声を配信する。観覧者は端末を操作することなく展示室を回遊することで，それぞれのコーナーの展示情報を自動的に視

聴できるシステムだった。このA4サイズの端末とビデオ・オン・デマンドシステムは，現在では，サイズもPSP（プレイ・ステーション・ポータブル）とコンパクトになり，技術仕様も携帯端末内に装備されたHD（ハードディスク）で展示情報の記憶容量をカバーできることから，機器の配線や設置などの工事を不要なものとしている。

また，神奈川県立生命の星・地球博物館では，動物の剥製等にそれぞれQRコードを付し，解説などの詳しい情報は観覧者自身の携

写真2-9　ソニーのPSPに機種変更した国立民族学
　　　　　博物館ガイド

写真2-10　QRコードで読み取る（神奈川県立生命の星・地球博物館）

帯情報端末で読み取ることができるように計画し，展示の空間を展示物主体に構成する例もみられる。

　ICT の導入は，日進月歩するイノベーションの歩調に合わせることが求められ，中長期計画のなかで技術改革に見合ったリニューアル予算の担保が必要とされる。

（4）先端テクノロジーによる新たな視聴覚メディアの活用展示

　3D 映像 REI（Ray Emergent Imaging）をはじめメガネなしで飛び出す臨場感あふれる立体映像など先端テクノロジーの開発と実用化の動きがマスコミを賑わせている。3D 映像をはじめ，3D プリンター，バーチャルリアリティ体験映像などの先端技術が今後の博物館展示に取り込まれることが予測される。

写真 2-11　試着を簡単に手早くバーチャル体験
（うめだ／ナレッジキャピタル）

2.3.4　メディアミックス装置

　博物館への来館動機を誘発する「今だけ，ここだけ，あなただけ」にブランド的要素を高め，集客を図る有効な展示手法としてメディアミックス展示が挙げられる。そこには仕掛けとしての独創性，コンテンツ（内容，ソフト）のオリジナリティー性等がプログラムされており，展示手法も映像，音響，照明，ジオラマ，ロボット等の多様なメディアがミックスされ，ストーリーの構成と展開に弾みと厚みをもたせている。

2.4　参加体験系展示──視覚，聴覚，触覚，臭覚など，直接五感を介して知識を触発する体感型展示

　来館者自身が展示物に触れたり，動かしたり，組み立てたり，嗅いだり，味覚を味わうなど，自身の能動的な行為，行動から対象への興味，関心を高め，知恵や知識の習得にいたる。こうした情報 → 展示 → 体験 → 知識化といったコンテクスト（意図した流れ）を基軸に置いた展示である。

　小難しい理屈や理論，説明による教科書的な学びのプロセスとは異なり，科学館の学びでは，学校の授業では体験できない装置や器具類を用いて実演し，演示するため，知識を身体感覚で楽しみながら享受することができる。この来館者自らが操作し，五感で知識として体得するスタイルが今日的教育課題であるアクティブラーニングにも通じることから，科学館には多く採用される。しかし，ややもすると，行為が体感どまりで企図した知識として学習に結びつかない場合が起こりがちだが，学びに向かう動機づけには有効視され

写真2-12　長良川の鵜飼の様子をジオラマ，映像，音響，
照明等をシンクロナイズさせた展示
（岐阜市うかいミュージアム）

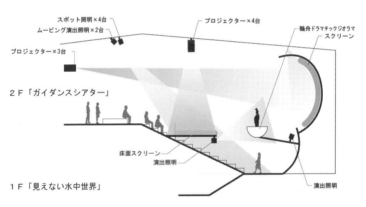

スポット照明×4台　　　　　　　　　プロジェクター×4台
ムービング演出照明×2台　　　　　　　　　　　　　　　　鵜舟ドラマチックジオラマ
　　　　　　　　　　　　　　　　　　　　　　　　　　　スクリーン
プロジェクター×3台

2F「ガイダンスシアター」

床面スクリーン
演出照明

1F「見えない水中世界」

演出照明

図2-3　メディアミックスしたガイダンスシアターの仕組み
（岐阜市うかいミュージアム）

ている。

　一方，そこに展開される体験装置やキット類は，利用頻度や材質，
経年劣化等から経常的にメンテナンスが必要となるため，展示担当

写真2-13　定滑車と動滑車を用い，力学をテーマとした体験型展示
　　　　　（左）と気象や天災など地球規模の情報を来館者自身の手の
　　　　　操作で可視化するデジタル地球儀（右）（高知みらい科学館）

職員（学芸員ら）による装置・キット類の新たな開発，これら設備のメンテナンスに対する館内制作体制の充実，利用者対応を支援する協力ボランティアの組織化と運営，学校の団体利用には教科単元との整合，教員らとの緊密な連携等が課題となる。

　近年では，学校教育の補完施設の領域を超え，生涯教育機関として現代社会が当面する諸課題（環境，エネルギー，バイオ，防災，宇宙等）に先端科学の視点から取り組み，課題の共有，未来への展望を明らかにしようとする科学館がみられるようになっている。これら現代的課題の展示には，先端の通信技術，ディスプレイ表示技術（デジタル地球儀など）などを取り入れた体験装置がみられる。

2.5　ヒューマンリレーション系展示——人と人とのふれあいをとおして楽しみ，交流する展示

　博物館でのリアルでライブな交流体験は展示物の価値と存在だけでは，情報化が高度に発達した現代社会においては，わざわざ足を運ぶ動機にはつながり難い。そこに印刷媒体や放送，通信媒体と異

写真2-14　サイエンスショー（高知みらい科学館）
ネットのライン上ではない実際の場を共有してのライ
ブな実験ショーが来館者の関心，興味をとらえる。

なる博物館固有の仕組みと取り組みが求められる理由がある。

　博物館展示には，そこに会する人と人，人とモノとの間に双方向，
多方向のコミュニケーション環境がすでに整っており，同じ場所に
集い，交流する人びとの体験と感動の共有が博物館リテラシーを深
化させ，博物館文化を根づかせ，成長させる。博物館の魅力を社会
に発信し，その展示をより魅力あるものとするには，リアルな空間
でのライブな感動体験の創出が演出として組み込まれなければなら
ない。博物館での感動，ワクワクは，展示物の魅力を活かすと同時
に，人びとを迎え入れ，接遇するスキルの巧拙にかかっている。

　博物館の展示現場には来館者とのコミュニケーションを誘客に結
びつける戦略としての人材育成が求められる。

2.5.1 ヒューマンリレーション系展示を担うコミュニケーターの存在と育成

　展示が五感に訴える総合的なコミュニケーションメディアであるという特性をさらに発展させ、博物館体験を豊かなものにしようとする取り組みが盛んに行われるようになった。課題はコミュニケーターと呼ばれる展示と来館者をつなぐ人材の育成である。

　科学館であればサイエンスコミュニケーターであり、美術館であればアートコミュニケーターということだが、その役割はネット社会でのバーチャルな情報環境に対してリアルでライブなコミュニケーションの有効性と意義を博物館に活かそうとするもので、特に科学館では接客現場でのコミュニケーションを重要課題として取り組んでおり、今後の科学館の発展、成長を担う存在になりつつある。

　コミュニケーター育成の事例として、科学館では「国立科学博物館」と「日本科学未来館」、美術館では「東京都美術館」が挙げられる。

　国立科学博物館と日本科学未来館のプログラムを表2-2に紹介する。

　日本科学未来館のコミュニケーターは、展示の現場では先端科学の語り部として実働し、展示制作の現場ではデザイナーらと展示物の効果検証を行い、より効果的な科学コミュニケーションの場を構築する役割を担っている。

　東京都美術館のアートコミュニケーターは、美術館の愛称が「とび（都美）」であることから「とびラー」と呼ばれており、額縁の中にコスチュームプレイし名画のモデルになりすましたりするなど、サポーターを超えたプレーヤーとしての活躍が話題になってい

表2-2　国立科学博物館と日本科学未来館のコミュニケータープログラム

■国立科学博物館

名称	サイエンスコミュニケータ養成実践講座　サイエンスコミュニケーション（SC）1・2
開始時期	2006 年
人数	SC1：20 人程度，SC2：10 人程度
対象	SC1：院生等，SC2：SC1 を修了した者
ねらい	・理論と実践を通じた「つながる知の創造」をめざしている。受講者一人ひとりが実際のサイエンスコミュニケーションの場において「試行錯誤」を繰り返すことにより，より深く考え，人びとに知をつなぎ，知を社会に還元する資質を身につける ・大学との連携により学生の科学リテラシーの向上に資する「国立科学博物館大学パートナーシップ」事業の一環
認定時	SC1：修了証　一部大学院での単位と認定 SC2：認定証
履修期間	SC1：7 ～ 8 月，36 コマ程度，4 単位相当 SC2：2 ～ 3 月，36 コマ程度，同上
授業内容	SC1：コミュニケーション能力の取得 ・コミュニケーション環境の理解 ・サイエンスコミュニケーションの考え方 ・サイエンスコミュニケーションの実際 ・文化としての科学技術 ・サイエンスコミュニケーションに必要なスキル（コミュニケーション能力） ・プログラム開発とプレゼンテーション 　2007 年度から SC1 については，筑波大学大学院生命環境科学研究科・博士前期課程共通科目（4 単位）に位置づけられている SC2：コーディネート能力の習得 ・専門性を読み解き，科学と人をつなぐ ・サイエンスコミュニケーションに必要なスキル（コーディネート力） ・サイエンス　カフェ ・コミュニケーションマネジメント 　SC2 修了後，「国立科学博物館認定サイエンスコミュニケータ」と認定される 修了後： 講座での経験を社会のさまざまな場面で活用する

なお，国立科学博物館では，2020 年度に「科博オンライン・セミナー～サイエンスコミュニケーション編～」を開講している。本講座は，上記の「サイエンス

コミュニケータ養成実践講座」のなかから，オンラインで実施できる科目を抜粋して再構成したもので，コロナ禍にあっても移動することなく，安全に気楽に受講することができる。

詳細は，以下の URL を参照のこと。
https://www.kahaku.go.jp/learning/university/partnership/sc/online/

■日本科学未来館

名称	科学コミュニケーター研修プログラム
開始時期	2006 年
人数	短期：3〜10 人，長期：個人単位
対象	1．大学・研究機関・企業の研究者および広報担当者・大学院生など 2．中学校・高校の理数系職員，科学館・博物館職員など
ねらい	1．調査・探求・情報コミュニケーションスキルの養成 2．プレゼンテーション・コミュニケーションスキルの養成
認定時	認定証・修了証
履修期間	短期：1 週間，長期：1 年間
授業内容	短期： 最先端の科学技術がもたらす社会的課題について，未来館の人的・物的リソースを活用して多角的に調査，議論を行うとともに，展示施設を利用した現場でのプレゼンテーション演習を通して科学コミュニケーションの手段やその効果について考察する短期集中型研修プログラム 長期： 外部の人材を 1 年間，未来館スタッフの一員として受け入れるプログラムで，研修者は自らが設定する目標に沿った科学コミュニケーション活動を未来館の各種の活動とスタッフ向けのスキルアップ講座に参加することで，幅広い実務能力を養成することをめざす長期継続指導型の研修プログラム

る。隣接する東京藝術大学との連携がプログラムや活動を多彩なものにしている。

2.6　情報環境の進展と博物館展示の今後の方向性

　わが国における博物館は，近代に始まる学校教育を補完する「実物教育の場」としての役割を担ってきたと言っても過言ではない。それまでの寺子屋教育は，個々の寺子を対象とした個別教育が主であり，教場（寺子屋）等で使用された教材も寺子の家業に通じる「百姓往来」や「商売往来」，「番匠往来」などの実用知識の習得が主であった。それが近代の学制発布に基づき国の検定，国定による全国共通の教科課程（カリキュラム）による集団（一斉）教育に統合され，西洋のまだ見たこともない事物や事象等が知識として求められ，そうした座学を補完する実物，実見の教育機関として博物館が求められるようになる。その背景には，近代教育学が課題としてきた事物や事象そのものの観察をとおして知識を有効に学びとる教育法，つまり書物主義や言語主義に対する批判として提起されてきた，体験的，実学的教育法につながる博物館への期待があった。

　そして現代，急速な情報技術の進展によって，あらゆる事物や事象に対する知識や情報へのアクセスが，ネット通信機能を搭載した携帯端末等の普及によって，個人レベルで可能になっており，情報環境がそれまでの一般大衆への一方向のニーズ対応から個人レベルの多方向，双方向のニーズ対応へと大きく変化してきている。

　博物館は，こうした情報環境の変化に対応できているだろうか。確かに，博物館はモノの蔵から情報の蔵へと機能を拡大し，生涯学習社会における情報センターの役割を果たすまでに成長してきている。問題は，利用者のニーズと利用者サービスとの整合である。すなわち，人びとのライフスタイルと時代環境に沿った事業展開がな

されているかどうかでの検証である。わざわざ足を運んでまで博物館に訪れる価値を現代人はどこで，どのように感じとっているのだろうか。博物館では実物に直に接することができるとしても，4K，8K等の超高精細画像で，部分拡大，縮小さえもでき，博物館でケース越しに見るよりも多くの情報を得ることができる。しかも，いつでもどこでも自由に手元の携帯情報端末で関連情報もあわせて求められる，高度に情報化した社会で博物館という場に臨むことを前提とする利用の限界をどのように乗り越えられるか，現代の博物館が当面する課題である。

2.6.1　成熟した一般大衆が展示を成長，発展させる

　博物館には収集，保管したコレクションをはじめ，その研究成果である学術的で専門的な知的資産が，蓄積，形成されている。そこには学芸員という「専門的職員」が介在し博物館実務の専門的事項をつかさどっている。ただ，博物館が社会教育施設であることから，その目的は，「国民の教育，学術及び文化の発展に寄与することを目的とする」（博物館法第1条）とあるように，利用者である一般大衆の可能性の扉を開くことにある。博物館法第3条3（博物館の事業）にも「一般公衆に対して，博物館資料の利用に関し必要な説明，助言，指導等を行い，又は研究室，実験室，工作室，図書室等を設置してこれを利用させること」とあり，博物館には一般大衆の自己実現を可能にするステージとしての役割が負託されている。社会全体の情報化にともない一般大衆の知的レベルも多様化，高度化し，従来の上から目線の「啓蒙展示」から，展示を観覧者らとともにつくり成長させていく「共創展示」へと軸足を移す傾向がみられる。
　こうした背景には，今日の博物館が取り組むテーマや内容に現代

社会の抱える課題と共通するものが多くみられ，例えば考古領域の埋蔵文化財の展示にしても，環境，防災（災害史）等の現代的な視点から取り組む事例がみられるようになっている。

そうしたことも関係し，一般利用者は，博物館に関心を抱くとともに，学芸員や研究者らが提示した展示を一方的に享受し，博物館体験を終わらせるのではなく，自分たちも展示の内容に関わり，提示された資料や知見に対して自らの意見や考えを積極的に発信，発言し，展示をさらに発展させ，成長させていく，フォーラム的な仕組みと取り組みが求められるようになっている。

2.6.2 「展示」の現代および近未来

博物館の展示は，もともとは博物館という限られた場所で，専門の学芸職員の研究成果を実物やパネル，模型，ジオラマ，視聴覚機器等で視覚化，造形化することで構成（物語化）された。そこでの利用者は，「固定化された場」で「囲い込まれた情報」を享受するしかなかった。

その仕組みに変化が起こる。まずは，「場」の拡大である。神社や寺院で行われてきた「出開帳」と同じように博物館自身が情報化した博物館資料を他所に移動させることによって，活動の場を拡げる。移動展示，巡回展示といわれているものである。「場」の拡大は，地域の歴史，景観，暮らし，産業等の地域自身が培ってきた風土や資源を博物館資料として捉え，地域全体を博物館と想定する「エコミュージアム」にも影響を与え，近年では在所の里山，原野，山林，町，浦等を創作のキャンバスとして芸術作品に取り込むアートイベントも各地にみられるようになった。

一方，ICT 技術の進展は，情報を場の制限から解き放ち，いつ

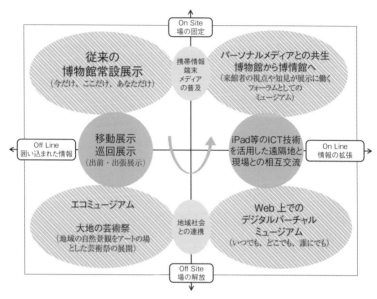

図2-4 「博物館展示」の特異性と今後の展望

でも，どこにいても手元のコンピュータディスプレイ上に呼び求めることができるようになった。現在では個々人の携帯情報端末の普及で，Web上に立ち上げられた「デジタルバーチャルミュージアム」（仮想現実ミュージアム）へのアクセスも個人が自由に行うことができるようになった。実空間をもたない，また実物と向きあうこともない博物館だが，予算，経費を別にすれば博物館としての空間的制約がなく，多くの情報やコレクションを「展示」「収蔵」することができる利点をもつ。ネット上にしか存在しない，あるいはできない新たな形態の「博物館」をどのように捉え，活かしていくかはポストコロナの課題の一つといえよう。

　新たな時代の博物館展示は，博物館本来の事業展開の場（Site）

とその場をつなぐネット（Line）情報とのコラボレーションにある。博物館の持続可能な発展は，ICT 技術の開発と普及により，大量にストックされた知識や情報が，個人の所有するパーソナルメディア（携帯情報端末など）をとおして個人化され，それがまた公共の博物館という展示の場をとおして共有化され，フォーラムに活かされる。

　博物館サイドには，独自の研究ストックと研究者がおり，そこから導き出された知見が展示となって来館者に発信される。来館者の知識とそれを支える情報の蔵が，上から目線の啓蒙的な「展示」に柔軟で多様な発想や知見をもたらす。かくて博物館はクリエイティブな市民の成長する場となる。

3章

コレクションと博物館展示

　博物館の展示では，芸術から産業，自然科学にまで広がる資料＝モノの多様性に注目していく必要がある。この章では，コレクションの違いによる展示形態の相違やコレクションの分野ごとにおける展示の特色について明らかにする。

　図書館は，図書，記録その他必要な資料を収集し，整理し，保存して，一般公衆の利用に供する[1]ための施設であり，設置主体や目的によって公立図書館，私立図書館，専門図書館，学校図書館，大学図書館等に分類ができる。これに対して博物館は，歴史，芸術，民俗，産業，自然科学等に関する資料を収集し，保管（育成を含む。以下同じ）し，展示して教育的配慮の下に一般公衆の利用に供する[2]とある。

3.1　博物館の分類と名称

　図書館と博物館の違いが端的に現れているのが名称といえよう。図書館は，その分類にかかわらず，公立図書館も大学図書館も名称は基本的に図書館[3]であるが，博物館法の定義で「博物館」とされる施設であっても，その名称は，博物館・美術館・資料館・記念館・科学館等とさまざまである。さらに生き物を扱う水族館・動物園・植物園等も，法規上は「博物館」の範疇に入る。

　文部科学省の社会教育調査では博物館を総合博物館，科学博物館，歴史博物館，美術博物館，野外博物館，動物園，植物園，動植物園，水族館と分類している。博物館行政を所管する文化庁でもこれを用いている。一方，日本博物館協会の統計では総合，郷土，美術，歴史，自然史，理工，動物園，水族館，植物園，動・水・植となっている。それぞれが博物館の頂点に立つ公的機関でありながらも，その分類は微妙に異なっている。

　博物館学でも，設立主体別，利用対象者別，資料の展示場所別，規模別，博物館法上の区分など，さまざまな博物館の分類が考えられている。資料の種類による分類では，「人文科学系博物館」「自然科学系博物館」という区分があり，人文系は，さらに「美術系博物館」と「歴史系博物館」に，自然系は「自然史系博物館」と「理工系博物館」に分類される（図3-1）。

　ちなみに人文科学と自然科学の両分野にわたる博物館を総合博物館と呼ぶことがあるが，美術系，歴史系，自然史系，理工系のすべての資料を対象とする博物館は，極めて少なく，設立される地域の

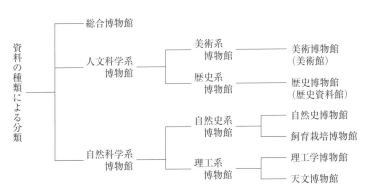

図3-1　新井重三氏による博物館の分類（一部）

歴史と自然をテーマとした県立博物館や市立博物館が総合博物館の中心となっている。

　さて，この4分類は，博物館の性格を把握するうえで，ある種の妥当性をもっていると考えられる。しかしながら，美術系の博物館は「美術博物館」とはいわずに美術館と称するのが一般的であり，理工系の博物館も同様に科学博物館，あるいは"博物"をとって科学館や科学技術館を名乗ることが多い。

　そこで4つに区分するという考え方を活かしながらも，芸術的価値が資料の基準となるものを美術系（現代美術，絵画，彫刻，陶芸，伝統工芸等），それ以外の多様な人文系の資料を扱うものを歴史文化系（考古，歴史，民俗，民族，文化史等），地球や生物など自然界の資料を対象とした自然系（動植物（標本・生体），古生物，地質，鉱物等），科学の基礎原理と人間が生み出したテクノロジー，さらにその成果を資料とする科学技術系（天文，物理，化学，科学技術，現代産業等）として，再整理を試みた（図3-2）。

　それぞれの資料の特性を比べてみたい。美術系では，作品性のある資料がコレクションの対象となる。なぜ，それに芸術的価値があるのかという評価や，その資料（作品）を生み出した作家に関する情報がたいへん重要となる。それに対して，歴史文化系，自然系，科学技術等の資料は，たとえ，それが唯一無二のものであり市場価格は高価であったとしても，そこに作品性という指標はない。

　また，美術系，歴史文化系，科学技術系の資料は，芸術作品にせよ，道具や機械にせよ，何らかの形で人間が作り出した製作物[4]であるのに対して，自然系の資料は，自然界の産物であり，それが生まれるまでの過程で人間の手は介在しない。

　そして自然系の資料には，美術系，歴史文化系，科学技術系と同

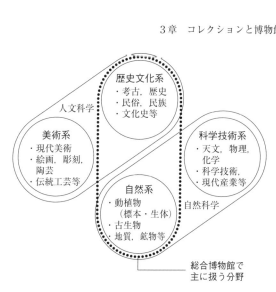

図3-2　博物館資料の4分類

図3-3　博物館資料の特性

様の非生体の標本類に加え，水生生物や鳥類，哺乳類，爬虫類，植物などの生き物，つまり生体資料が含まれることが特色となっている（図3-3）。

　さて，この4つの資料分野と施設の名称とを整理したのが表3-1である。それぞれの名称がもつイメージや社会での捉え方を，資料との関係も併せて概観してみたい。

表3-1　資料分野と施設名称

資料分野	名称	類似名称
美術系	**美術館**	絵画館 工芸館 等
歴史文化系	**博物館**	資料館 記念館 ○○館 等 ○○は，文学，歴史，音楽等のテーマ名 野外博物館は，村・園等の名称で呼ばれる
自然系		
科学技術系	**科学館**	科学技術館 科学未来館 等
自然系	**水族館，動物園，植物園**（生態館園）	

3.1.1　美術館

　美術館は，博物館法では博物館の一分野であるが，文化芸術基本法[5]では美術館・博物館・図書館と併記されている。また，国立施設の独立行政化に際して，国立博物館[6]と国立美術館[7]は別の独立行政法人として発足するなど，美術館を博物館とは異なる施設として捉える動きも強い。1970年以降「美術館ブーム」といわれるように，日本各地に公立美術館が建設され，社会生活の中で定着してきた。美術館という響きには，ハイセンスでカルチャーに浸ることができる場というイメージや，高原美術館といったリゾート地のイメージ等もあり，女性層の支持を集めることにもつながっている。

　ルーブル美術館のように豊富な芸術作品を有する美術館もあれば，東京都美術館や国立新美術館のように施設の貸出に主眼をおいた運営を行う美術館もある。また，所蔵する資料による常設展示ではなく，他館からの借用資料による展覧会を中心とするなど，日本

特有の運営状況もみられる。

3.1.2　博物館

　日本を代表する博物館といえば，東京国立博物館や国立科学博物館を思い浮かべる人も多いだろう。東京国立博物館は，古美術をコレクションの中心とした美術系の施設でありながら「博物館」を名乗っている。国立科学博物館は，自然系と科学技術系の資料を有し，自然科学の総合的な博物館となっている。いずれも歴史系の博物館である国立民族学博物館と国立歴史民俗博物館は，大学と同等の研究機関[8]として位置づけられている。

　こうした国立の博物館を頂点に，都道府県立博物館，市町村立博物館，企業博物館，個人博物館など，博物館は大きく裾野を広げている。特定の分野を専門とする博物館では，放送，新聞，楽器，玩具，化石等，テーマやコレクションを冠に○○博物館と名乗るケースが多い。また県立や市立等の地域博物館では，通史を全般的に扱う館は「歴史博物館」，自然系では「自然博物館」「自然史博物館」とすることが一般的である。小規模な施設や考古や民俗など，特定分野の資料のみを対象とする場合には博物館ではなく資料館を，またメモリアルな出来事や個人顕彰をねらいとする場合には記念館を名乗ることも多い。

　科学技術系では，鉄道，自動車，カメラ等，産業別の博物館が多くみられる。歴史文化系や自然系では公立博物館に大型館がみられるのに対して，科学技術系の資料を中心とした博物館には企業や財団設立ものが多いのが特色といえよう。

　博物館の中で，独自の勢力となっているのが文学館である。多くの資料を有しながらも文学博物館とは名乗らないところに美術館と

通じるものがある。他にも考古館や民芸館，文化館，体験館，保存館など“博物”を省略したケースも数多くみられる。博物館という名称には，文化の殿堂という「頂上性」がある一方で，古臭さや敷居の高さを感じることも否めない。資料を有しながらも，博物館を名乗らないのは，こうしたイメージを避けるというねらいもあると考えられる。

博物館は，建物の内部に資料を展示する場をもつことが通例だが，一定の敷地内に資料を集めて屋外展示を行っている野外博物館もある。野外博物館は，博物館のひとつのジャンルであるが，館（＝ひとつの建物）という名称にそぐわないため「村」や「園」を名乗る場合が多い。

3.1.3　科学館

科学技術系の資料の中で，古い実験道具や製品等，文化財的な価値のあるものは，歴史文化系や自然系と同様に“博物”という範疇で捉えられるが，エンジンなど実物資料を使いながらも仕組みや構造を伝えることに主眼を置いた施設では，科学博物館を名乗らずに，科学館や科学技術館と称することが多い。歴史文化系の資料は，時間の経過とともに資料価値は上がっていくが，現代や未来の技術を物語る科学技術系の資料は時とともに陳腐化していく。

東京の北の丸公園にある科学技術館[9]は，現代から近未来までの科学技術・産業技術に関する展示を行っているが，こうした資料の特性を踏まえて，1964（昭和39）年の開館以来，定期的な展示更新を繰り返している。科学技術を興味深く物語ることを目的とした科学館は，原子力，電力，ガス，水道等のさまざまな分野に広がり，公立の館とともに企業設立の科学館も数多く登場している。科学館に

は，平日には，学校団体が遠足や社会科見学で利用し，休日には，ファミリー等で遊びながら知的な体験が楽しめる施設というイメージがある。

21世紀に入ると最先端の科学技術への理解を深めることをねらいとした日本科学未来館も開館した。

科学館のもうひとつのグループが，青少年科学館や子ども科学館とも呼ばれる科学館（Science Center）で，天文学習ができるプラネタリウムを備え，数学，物理，化学等の基礎原理が学べることを基本としている。こうした科学館は，県や市が設置する公立館が多く，市民，とりわけ子どもたちの学びの場として全国各地で建設されている。

3.1.4　水族館・動物園・植物園

水族館・動物園・植物園等，生物を飼育しながら展示する施設を総称して，生態館・園とする。資料の分野としては自然系であるが，扱う資料が「生きている」ということを考えると，資料＝モノ（非生体）を扱う通常の「博物館」とはまったく異なるジャンルの施設として捉えることができる。

生態館・園は生涯学習施設であると同時に，レジャー施設としての側面もあわせもっている。水族館はファミリーでの行楽やデートスポットとして定着しており，旭山動物園のように観光施設として全国的に注目を集める施設もある。

水族館や動物園の展示は飼育展示といわれ，その実施にあたっては管理面でも設備面でも独自のノウハウが必要である。水生生物や動物を単体で見せる方法に加えて，近年では，生物の生息環境も併せて再現した生態展示が主流となっている。例えば，海の中に入っ

たような感覚に浸れるトンネル型の水槽など，非日常的な体験ができるところに魅力があるが，ダイナミックな空間体験とともに，生物に間近で接することができるところも人気の秘密といえるだろう。生物の動きや表情は常に変化しているため，展示替えをしなくても飽きがこない。水生生物に触ることができるタッチプールも人気を呼んでいる。

　また，子どもが生まれたり死んだりなど，水族館や動物園には生物をめぐるさまざまなドラマがあり，それが多くの観客を集める力となっている。

3.2　展示のねらいと展示形態

　さて，これまで美術館，博物館，科学館，さらに水族館・動物園などの特徴を資料との関係を中心に論じてきたが，続いて展示について論じてみたい。

　展示は，その意図によって，提示型展示（鑑賞展示）と説示型展示（学術還元展示）に区分される。[10]

　提示型展示は，資料＝モノを芸術的価値または，美的価値を最も良い条件で見せる展示で，美術系の資料を扱う施設である美術館では，この方法が多く採用されている。提示型展示という呼称は，明治期から幾多の変遷を経てこうなったのであるが，いささか耳慣れない言葉である。美術系の資料は，制作当初から第三者に見せることをねらいとした作品が中心であることから，本書では一般の人びとにもわかりやすいように「モノを見せる展示」としてみた。

　こうした展示のねらいは，知識を伝えることではなく，作品鑑賞によって観客自身の感性を磨き教養を高めることにある。

そのため鑑賞の妨げになるような情報は極力排するとともに，作品の微妙なもち味を魅力的に引き出すために，照明効果や展示室・ケース，展示台や演示具等のデザインや色彩に工夫が凝らされる。

美術館を中心とした「モノを見せる展示」，すなわち提示型展示（以下「提示型」）とは異なる意図をもつ展示は説示型展示（以下「説示型」）と称されている。作品鑑賞をねらいとした「提示型」に対して，「説示型」は観客の知的欲求に応えることを目的に展開される展示で，学術研究の成果を市民に還元するもの，展示企画者の意図と価値判断によって学説や法則をわかりやすく示すもの，ある基準に従って配列するものなどがある。

この「説示型」は，美術系以外の分野，すなわち歴史文化系，自然系，科学技術系の資料を扱う博物館で採用されている。今日の日本の博物館における展示の主流は，「説示型」であり，展示を企画する者の考えや主張が展示の中で表現されることが基本となっていると言っても過言ではない。先に，美術館と博物館とは別物という考え方があると述べたが，その違いは，「提示型」，「説示型」という展示意図の違いに起因しているとも考えられる。

この「説示型」という名称もいささか馴染みにくいので，「提示型」を「モノを見せる展示」としたように，「説示型」を「モノで語る展示」としたい。「モノで語る展示」では，モノは，ある価値観によって位置づけられてはじめて展示としての意味をもつという考え方で，その価値観や視点を表現したものが展示のねらいとなり，それに沿ってストーリー（物語り）が構成される。

「モノを見せる展示」と「モノで語る展示」を事例を使って，わかりやすく説明していく（図3-4）。

例えば，完成度の高い縄文土器があったとする。土器そのものか

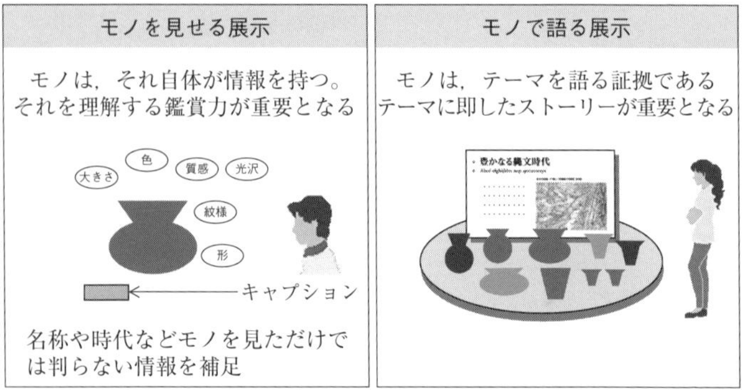

モノを見せる展示	モノで語る展示
モノは，それ自体が情報を持つ。それを理解する鑑賞力が重要となる	モノは，テーマを語る証拠である テーマに即したストーリーが重要となる

提示型展示（観賞展示）　　説示型展示（学術還元展示）

図3-4　展示意図が異なるふたつのタイプの展示

ら発せられる情報は，色，形，大きさ，質感，光沢，装飾などに過ぎないのだが，それを鑑賞した観客が美しさや神秘性，さらには悠久の時間の流れ等を感じたとき，そこに芸術的価値が発生する。このようにモノを鑑賞することによって，その価値を引き出すのが，「モノを見せる展示」の考え方である。

　それに対して，例えば「豊かなる縄文時代」というテーマが最初にあり，その裏づけとして資料を用いるのが「モノで語る展示」である。こんなに美しい土器を作れたのだから，縄文時代は想像以上に豊かであったに違いないと観客に感じてもらうことをきっかけに，当時の生活の様子を伝えることがねらいとなる。ここで重要となるのは，モノとしての土器の価値以上に，そこから導き出されるストーリー（物語）であり，それをつくりだした展示の企画者の考えや主張である。

　そして，観客にストーリーを興味深く物語るための方法として発達したのが，各種の展示メディアといえよう。展示は，さまざまな

メディアの複合から成り立っているが，それらは「モノで語る展示」
をより効果的にするものとして博物館の中で発展してきた。実物資
料をはじめ，模型や映像など展示物は，ストーリーを伝えるための
手段として適切なものが選ばれていく。それが「モノで語る展示」
である。

3.2.1 「モノを見せる展示」が中心となる美術館

　まず，美術館における展示を概観してみたい。文化財的価値があ
る古美術は劣化防止を考慮した特殊なケースの中で展示され，彫刻
や近現代の絵画は鑑賞のバリアをなくすために露出した状態で展示
されるなど，作品それぞれの特性に応じた展示法が採用されてい
る。また作品一点一点と対峙しやすいように，作品と作品は一定の
間隔を置いて展示されることが多い。

　モノである作品は，それ自体が形・色・大きさ・質感等の情報性
をもっているが，そこに何らかの価値を見いだせるか否かは，受け
手である観客の鑑賞力に委ねられている。作品の位置づけをわかり
やすくするために，テーマごとにグルーピングしたうえで展示され
ることが多く，なぜそれらの作品を集めたのかというコレクション
の意図やテーマも提示するのが通例である。だが，それは観客に押
し付けるものではなく，作品単体の解説も作者名やタイトル等，モ
ノを見ただけではわからない最低限の情報をネームプレート等で示
すに留めている。

　こうした「モノを見せる展示」では，展示物すなわち作品の選択
が展示を考えるうえでの中心になると言っても過言ではない。展示
空間は，観客の作品観賞をサポートすることに主眼が置かれ，常設
展示と企画展示による設備上の違いは少ない。

（1）作品展示の方法

　館所蔵のコレクションが少ない日本の美術館では，他館から作品を借用した期間限定の特別展（企画展）を中心とした事業を展開するところも多い。展示は，その都度，設定されたテーマに沿って実施され作品が構成されていく。その一方で館蔵の作品による常設展示は，こうした特別展のついでに公開されるという地位に甘んじることになる。また，特別展を行っていない期間に館蔵作品による常設展示を行うというような運営を図るところもある。

　それに対して，豊富な所蔵作品をもつヨーロッパの美術館では，常設展示を中心とした運営がなされている。絵画，彫刻，陶磁器，工芸品等，作品のジャンル別に展示が構成されるのが通例で，欧米やアジア等，地域別に作品を展開することも多い。

（2）見える収蔵庫（Viewable storage）

　作品の鑑賞が目的の美術館の展示では，例えば，ケース内の展示では作品一点一点の間隔をあけて並べるという方法が一般的であるが，それとは正反対に，限られたケース空間の中でできるだけたくさんの資料を展示構成するという考え方がある。見える収蔵庫（Viewable storage）と称される展示の方法で，もうひとつの「モノを見せる展示」といえよう（写真3-1）。

　美術館での作品鑑賞は，観客一人ひとりの感性や教養を基に，自由意志によって行われるものであるが，対象となる作品自体の選択は，美術館の手に委ねられる。それに対して公開点数を増やすことで，観客が接する作品の選択枝を増やし，観覧の自由度を高めたのが，見える収蔵庫の考え方である。

　英国のビクトリア＆アルバート博物館では，ガラス工芸の展示で

写真3-1　**見える収蔵庫の例**（ビクトリア＆アルバー
ト博物館のガラス工芸展示）

この方法を採用しケースの中に所狭しと製品を並べている。さらに
照明や階段の素材としてガラスを用いるなど，空間全体で「ガラス
の展示室」という雰囲気を演出している。

　多数の資料を高密度で公開する展示は，「収蔵展示」として，こ
れまでにも行われてきたが，モノを見ただけでその価値が判断でき
る専門家やマニアが主な対象であった。それに対して，見える収蔵
庫は，多数の資料を同時に提示することでモノへのアクセスを高め
るとともに，ややもすると収蔵庫の中に入ったままとなりがちな資
料を，市民にできるだけ多く公開する方法として考案されたものと
いえるだろう。

（3）既成概念に挑戦する現代美術の展示

　美術館によって選ばれた作品の鑑賞という既存の概念を変えてい
るのが，現代美術の展示の試みといえよう。例えば開期中の会場で

作家自らがアートを制作し，その創作活動自体を「作品」とするなど，作家自身が情報発信の主体者となる展覧会もある。

　常設展示では，建物と作品を融合するという試みもなされている。金沢21世紀美術館の恒久展示作品スイミング・プールは，波立つプールを見下ろすと，あたかも深く水で満たされているかのように見えるが，実際は透明のガラスの上に深さ約10cmの水が張られているだけで，ガラスの下は水色の空間となっている。観客はこの内部にも入ることができる。下から水面を眺める非日常的な体験や，上から覗く観客と下から見上げる観客が目線を合わせるハプニングが人気を呼んでいる。

　また，ブルー・プラネット・スカイでは，正方形の天井の中央部分にある正方形に切り取られた空を眺めるという仕掛けだけで，絶え間なく変化する光を体感することができ，普段は気づいていない知覚を呼び覚ますことができる。

　このように空間全体を作品として活用し，さらに観客の参加性をもたせることで，ややもすると難解とされる現代美術を，観客が集まる話題の展示へと変化させている。

3.2.2　「モノで語る展示」が博物館の特色

　そもそも博物館展示の原点は，美術館と同様に「モノを見せる展示」といえよう。モノが豊富な博物館では実物資料主体の展示が可能であり，ヨーロッパの多くの博物館では今日でも，モノ＋ネームプレートを基本とした展示を行っているところが多い。

　それに対して日本の博物館は，所蔵の点数は多くても鑑賞に適する実物資料の数が圧倒的に少ない。美術作品ではなくても，珍しい資料や貴重な資料，審美性を感じることができる資料など，観客が

興味をもつモノがたくさんあれば「モノを見せる展示」は，成り立つ。例えばガラス，装飾品，楽器，ファッション，人形，郷土玩具，クラシックカー等，特定ジャンルのコレクションを集めた博物館では，実物資料を中心とした展示を行っているケースが多い。これらの博物館の資料は，審美眼をもつコレクターが集めた逸品であったり，同種の資料が多数，集められているなど，観客の興味を引くような魅力をもっている。けれども収集対象とする資料の種類が多い一方で特色ある資料に乏しい一般の博物館でその条件を満たすところは少ない。

（1）原点はコレクション展示

　こうしたなかで，2013(平成25)年に開館したJPタワー学術文化総合ミュージアム「インターメディアテク」は，歴史文化系や自然系，科学技術系の資料を中心とした博物館でありながらも，解説パネルや映像等はほとんど無く，実物資料中心の展示となっている。日本郵便株式会社が再開発したビルの中で東京大学総合研究博物館が所蔵する資料を公開するという大変にユニークな博物館で，展示されている資料は東京大学の長い歴史の中で収集された，他には例をみない一級のコレクションが中心となっている。観賞に値する資料も多く，博物館の原点を感じることができる日本では数少ない博物館といえよう。モノ中心の展示でも，本場のヨーロッパでは空間デザインや什器デザイン等に斬新さを取り入れ，時とともに進化しているが，そうした工夫を感じることができるという意味でも，「インターメディアテク」は，貴重な存在である。

（2）発達するストーリー展示

コレクションが豊富な博物館では，その公開を中心に展示を考えることができるが，コレクションが少ない博物館や実物資料をもたない館では，モノ展示に変わる別の展示の方法論を確立していく必要がある。

日本の博物館は，実際のところ数量的には相当数の館蔵品を有しているところも多いが，一次資料の状態で見栄えのする展示品となる資料が少ない。こうした状況のなかで，効果的な展示を行っていくためには，見栄えのしない資料を，「視覚に印象的に訴える展示物」に置き変えていく方法が必要となる。それがレプリカ，模型，ジオラマ，映像等の展示メディアである。

戦後の日本では，幾度かの博物館ブームが起こった。その最初が明治100年（1968年）を契機とする博物館ブームである。1970年代に入ると，北海道，宮崎や埼玉，青森などの県立博物館をはじめ，全国の主要な都市で博物館が誕生し，その中で，映像，ジオラマ，模型などの新しい展示技術が活用されていった。

博物館ブームの先駆けとなったのが，1971（昭和46）年に開館した北海道開拓記念館[11]である。この博物館は，歴史と民俗を中心としながらも，導入に自然史の展示を加えた総合博物館で，建物は10,000m^{2}の博物館専用の建築で，その後の県立博物館のモデルとなったといわれている。

展示は，常設展示室，企画展示室に加えて，収蔵展示室や体験学習の場など異なる性格や対象年齢の展示が設けられており，今日の大型博物館の展示を先取りしている。また，常設展示では，時代を時間軸に沿って並べた総合展示とある事象を掘り下げて物語るテーマ展示を組み合わせて構成するなど，今日の博物館では一般になっ

ているストーリ・化された展示をいち早く実現している。

（3）多用される模型やレプリカ

　こうした展示は，その後にできた博物館で次々に採用されていった。歴史の展示は，モノだけで語れる時代や領域は少なく，モノが乏しい時代や領域では，実物資料以外の資料，すなわち二次資料に頼らざるをえない。その流れを決定づけたのが，1983（昭和58）年開館の国立歴史民俗博物館である。東京国立博物館や京都国立博物館，奈良国立博物館等は，博物館という名称を掲げるものの，区分としては，古美術を扱う美術館として位置づけられる。これに対して，国立で初の歴史博物館として登場したのが国立歴史民俗博物館で，考古学，歴史学，民俗学を研究領域としている。

　歴史学の基本は，古文書等や絵図等を読み解き，その正当性や妥当性を検討することによって研究が進行する文献史学である。文献から考察された学説が先行し，それを裏づける資料は，記述内容が重視され，それが本物であるか複製であるかの云々は，二の次でよい。国立歴史民俗博物館の展示は，時間軸をたどりながらも，研究者の研究成果の発表の場として位置づけられている。そのため視点を絞り込んだテーマ展示が中心であるが，その中でレプリカや復元模型等の二次資料が多用されている。国立の博物館としては，後発であり，歴史を物語る貴重な資料は，すでに他館が所蔵しているという事情もあるのだが，実物資料に必ずしもこだわらないという文献史学の方法論が影響しているとも考えられる。そして，このような展示の哲学は，全国の歴史系の博物館に影響を与えていく。

（4）盛んになる映像利用と，その多様化

　博物館の展示である「モノで語る展示」には，展示を企画する者の考えや主張を，展示として表現していくためのストーリー（物語）がある。そのストーリーを伝えるための手段としてモノが選ばれていくが，実物資料を並べるだけで展示の意図を伝えるのは極めて難しく，解説のためのメディアとしてグラフィックパネル等を設けることが一般的となっている。

　当初，映像は，こうした実物資料＋パネルという「モノで語る展示」の基本形を補完するものとして使用されるようになった。映画やテレビ等に代表されるように，映像というメディアは，本来的にストーリーを物語ることに長けている。展示の中には，どうしてもモノで示すことができない事象もあるが，映像を使えば，どのような内容でも表現することが可能となる。こうした利点から，博物館展示の中で次第に映像が多用されるようになった。

　博物館の展示における映像利用は，市販のプレーヤーやモニターを使うものと，市販の機器を組み合わせながらも，その博物館にしかない，オリジナルな映像システムをつくる場合に大別される。後者の場合は，実物展示を補完する解説やモノに替えての映像利用というレベルではなく，映像システム自体が博物館を代表する目玉展示となっている場合が多い。例えばマルチスクリーン，マジックビジョン，映像によるストーリー進行と動く造形物による複合演出など，博物館ならではの手法が数多く登場している。

　こうした展示は，エンターテイメント性の高い目玉展示として注目を集めるものの，一度見ればそれで満足してしまうことから，リピーターの確保にはつながりにくく，観光をねらいとした博物館以外は，次第に下火になりつつある。

（5）空間デザインの発展

　模型，ジオラマ，映像など，展示メディアの発達とともに「モノで語る展示」で重要となるのが，各展示メディアを包み込む環境，すなわち展示空間といえよう。

　作品観賞に主眼を置いた美術館の展示では，床・壁・天井の素材や色彩，作品に対する照明計画，ケースを用いる場合は，その形状や仕様等が，展示空間の検討要素となる。それに対して，展示ストーリーを基に多様なメディアで構成される博物館の展示では，各展示メディアの情報伝達効果を最大限に引き出していくための空間デザインが重要なポイントとなる。

　空間デザインは，クリエイティブワークのひとつであり，デザイナーそれぞれの個性が生かされる分野であるが，歴史文化系，自然系，科学技術系など，博物館の分野による傾向もみられる。また日本や欧米等，国別の文化による違いもある。写真3-2はイメージ

写真3-2　時代の雰囲気をコラージュ的に表現した
　　　　　歴史展示の例（バンクーバー博物館）

コラージュ的な手法で空間をデザインした北米の博物館の事例であるが，日本ではあまり見られないデザイン展開が興味深い。

3.2.3 「体験して学ぶ展示」の登場

博物館学では，先に述べた「提示型」「説示型」の展示に加えて，体験学習展示や子ども向け展示を「教育型」として位置づけている。

従来からいわれてきた美術館と博物館の展示の違い，すなわち「提示型」と「説示型」は，モノ＝実物資料を展示するにあたっての方法論の違いによるものだが，実物資料＝一次資料にこだわることなく，来館者が，触って，操作して，体験できることに主眼を置いた，いわば学習教材としての展示が「教育型」である。

提示型を「モノを見せる展示」，説示型を「モノで語る展示」とするならば，教育型のモノ＝実物資料に頼らず，参加体験を重視した展示を「体験して学ぶ展示」と称してみたい。

今日，「体験して学ぶ展示」は，美術館でも博物館でも眼にすることがあるが，参加体験という情報伝達の方法を提唱し，通常の展示とは異なるジャンルとして確立されるまでにリードしてきたのは，科学館といえよう。

（1）北米がルーツの楽しみながら学べる展示

触れて，操作して，学ぶという参加体験型の展示は，1969 年に北米に誕生したエクスプロラトリアム[12] やオンタリオサイエンスセンターがルーツといわれている。科学館の展示の中で，力学，音・光，電磁気，錯覚等の分野は，時代の影響を受けることもなく，また，世界共通の現象であることから，質の高い展示を開発すれば，国を問わず導入することができる。そうしたことから，北米生まれ

表3-2　提示型・説示型展示呼称名変換表

分類者 著書・論文名	発表年	分類基準	展示の形態
前田不二三「學の展覧會か物の展覧會か」	1904	意図（？）あるいは資料の性格による分類	情的展覧
			知的展覧
木場一夫『新しい博物館』	1949	資料の性質とその展示の目的による分類	審美的
			教授的
鶴田総一郎『博物館学入門』	1956	展示の目的による分類	鑑賞展示
			教育展示
林公義「展示」	1978	展示の目的による分類	鑑賞展示
			教育展示
富士川金二『改訂・増補博物館学』	1980	展示目的による種別	鑑賞展示
			教育的展示
			綜合展示・その他
新井重三「展示の形態と分類」	1981	展示意図による分類	提示型展示（Presentation）
			説示型展示（Interpretation）
			教育展示
佐々木朝登「展示」	1990	展示意図による分類	提示型展示（鑑賞展示）
			説示型展示（学術還元展示）
			教育型展示（体験学習展示，子供向展示等含む）

出典：青木豊『集客力を高める博物館展示論』雄山閣，2013，p.108.

の新しい展示の考え方は世界中の科学館に広まり，日本の科学館にも大きな影響を与えた。

　日本における科学館は，元々は学校における理科教育を補完するための教育施設としてスタートしたが，1980年代になると子ども

写真3-3　参加体験型の展示（オンタリオサイエンスセンター）

たちを対象とした科学館が，全国各地で誕生していく。1981（昭和56）年開館の札幌市青少年科学館や新潟県立自然科学館を皮切りに，「科学館ブーム」として各地に科学館が建設された。こうした科学館の共通点が，科学館専用の建物として建設され実験室や工作室等の設備も備えていること，天文学習の場としてプラネタリウムをもっていること，そして参加体験型の展示といえよう。遠くに離れていても間近にいるように話ができるパラボナや地球の自転を体感できるジャイロなど，素朴な仕組みの装置から，アッと驚くような体験ができるところが魅力となっている。

（2）機械装置を使ったダイナミックな参加体験も登場

　科学館では，科学の基礎原理に加えて，先端技術や現代産業に関する展示も行っている。こうした展示では，製品を解説用に加工したものや模型演出，さらには映像による解説等，一方通行的な情報伝達が通例であるが，ボタン操作のアクションを加えるなど，観客

の興味を引きつけることにも配慮している。

　さらに，機械を使った体感型の展示装置も開発されている。地震を再現した起震台や月面重力の体験，北極や南極等の厳寒を体験できる部屋，ペダルをこぎながら空中を移動するスペースサイクリングなど，日常生活では体験できない現象を体験できるところが人気を呼んでいる。こうした展示を可能にしているのは，レベルの高い日本の機械技術といえよう。それにコンピュータ制御が加わることによってグレードの高い装置が実現している。

（3）PC による参加体験

　参加体験型展示は，体験者一人ひとりが，１つの展示物を独占的に利用するパーソナル型の展示であるが，そのひとつの典型が PC（Personal Computer）利用の展示である。

　2006 年に開館したパナソニック株式会社の理科と数学をテーマにした体感型デジタルネットワークミュージアム，RiSuPia（リスーピア）では，PC を使ったさまざまなタイプの参加体験型展示が導入された。ICT が広く普及しだした時代にあって，展示の大半を PC 利用とする試みは先駆的であり注目を集めた。

　PC による参加体験型展示は，パソコン Q&A に遡るが，今日に至るまでの発展経緯は，5.1 で述べることとする。

（4）もうひとつの系譜はチルドレンズミュージアム

　さて，科学館の展示の主な対象となっているのは，子どもたちである。科学館の名称として，「子ども科学館」を名乗るところもあるように，科学館の利用の主体者は，中学生以下の児童・生徒が多い。もちろん，休日にはファミリーでの来館が一般的なので，大人

の入館者もかなり多いが，メインターゲットはやはり子どもたちといえよう。

米国では，子ども専用の博物館が発達している。ボストン子ども博物館（Boston Children's Museum）[13]は，1913年に開館し，絵画・造形から理科の学習まで，遊んで，触って，楽しめる参加型の博物館となっている。ここでの展示は，ハンズオンの展示といわれる。米国では各州に子ども博物館があるといわれる一方で，日本では子ども専用の博物館はあまり発達していない。その背景には，子どもを対象とした施策として，すでに児童館が充実しているからとも考えられる。

そうしたなかで，児童館と科学館を融合した釧路市こども遊学館のような施設も登場している。科学館における参加体験型展示は，子ども博物館のハンズオンにもつながるところがあり，類似する側面も多い。

（5）広がる子どもを対象とした専用展示室

子ども専用の博物館が少ない一方で，一般の博物館における子ども対象の展示の試みは，体験学習室の開設という方式で進められてきた。3.2.2で県立博物館の先駆けとして述べた北海道開拓記念館（102頁参照）にも，すでに体験学習の場が設けられていた。

常設展示が大人中心となりがちな歴史文化系の博物館では，子ども対象の体験学習施設を設けるところが多い。仙台市博物館の「プレイミュージアム」や東北歴史博物館の「こども歴史館」，新潟市歴史博物館の「体験の広場」など，多くの大型博物館では子ども専用の展示室を設けている。そこには，甲冑や服装を着る体験，昔の道具や遊びの体験等，数々のハンズオンの展示が設けられている。

さらに紙芝居のイベント等，子どもたちが歴史への興味を広げることができるさまざまな活動が展開されている。

　九州国立博物館の「あじっぱ」は，アジア各国の伝統的な衣装や生活用品，おもちゃなどをハンズオンで紹介している。この博物館は，アジアとの文化交流をテーマに掲げているが，常設展示以上にそれを感じることができるところが興味深い。また兵庫県立考古博物館の「発掘ひろば」では，発掘現場を再現した環境の中で発掘体験ができるようになっている。このように博物館それぞれのテーマに沿った子ども向けの体験学習が充実してきている。

　一方，自然系の博物館では，1980年代に国立科学博物館が子どもの体験学習展示として「たんけん館」をスタートさせた。日本を代表する科学博物館が，こうしたハンズオンの展示を実現するのは画期的な試みであり注目を集めた。現在では「親と子のたんけんひろばコンパス」として就学前の子どもと親を主対象とした展示室に進化している。滋賀県立琵琶湖博物館の「ディスカバリールーム」や北九州市立いのちのたび博物館の「こどもミュージアム」など，自然系でもハンズオンの展示が楽しめる子ども専用の展示室をもつところが増えてきている。また，多くの水族館では，魚などの海の生物に触れるタッチプールを設けているが，これもハンズオンのひとつといえるだろう。

3.2.4　「環境に身を置く展示」が実現する異空間体験

　1980年代から2000年代にかけての二十数年間は，博物館が質，量ともに充実し，日本全国へと広がっていった時代である。そのなかで，映像や造形等の展示メディアが著しく発達し，「モノで語る展示」をより効果的なものとしてきた。それを支えたのが博物館展

示の中にドラマ性やエンターテイメント性を求めるという時代の流れといえよう。

　二次資料を中心に歴史を物語る方法は，やがて歴史的な建物や街並みを展示空間の中に原寸で復元するという考え方に発展していく。

　1986（昭和61）年に開館した江東区深川江戸資料館は，展示室全体を使って江戸時代末期の深川の町並みを実物大で再現するという画期的な展示で注目を集めた。

　模型による町並み再現では，見学者は俯瞰的な目線で，復元された情景を眺めることになるが，原寸模型による再現では，見学者は，復元環境の中に身を置くという状況となり，臨場感豊かに当時の情景と接することができる。展示との接点は，「見る」を超えた「体感」となる。こうした展示を「環境の中に身を置く展示」として位置づけ，「提示型」「説示型」「教育型」に続く「体感型」という新しいジャンルで捉えてみたい。

（1）タイムスリップ感覚が楽しめる展示

　1993（平成5）年開館の江戸東京博物館では原寸復元という展示方法＝「環境の中に身を置く展示」が積極的に採用された。在りし日の風景を情景としてよみがえらせた空間は，日常とは違った異次元の世界であり，その中に身を置くことでタイムスリップを体感できる。これはテーマパーク等における非日常空間の体験と通じるものがあり，博物館展示の劇場化が進行した。

　この原寸で情景を再現するという展示方法は，その後に設立された県立の歴史博物館に影響を与え，2000（平成12）年開館の新潟県立歴史博物館や2003（平成15）年開館の福井県立歴史博物館など，全

国各地に原寸大で再現されたタイムスリップ空間が誕生していった。北名古屋市歴史民俗資料館[14]は，昭和30年代の世界を館全体で再現し，昭和日常博物館とも呼ばれている。市民の記憶に残る昭和時代に浸ることができるという魅力から，小規模な館でありながらも地域の人気スポットとなっている。また，この特色ある展示を活かして高齢者の受け入れにも積極的に取り組み回想法を行うなど，博物館活動を福祉という新しい領域に広げている。

　長崎歴史文化博物館では，長崎奉行所立山役所を原寸で再現しているが，土日祝日には，寸劇が行われ，密貿易や漂流民を取り調べる白洲の様子を再現している。この寸劇は，県内の大学生や県民のボランティアによって行われ，時代劇の中に入り込んだ感覚が人気を呼んでいる。奉行の裁きの題材は，長崎奉行所の判決記録である「犯科帳」を出典としており，楽しさや集客性を追及しながらも，史実に基づいて歴史のひとコマを再現するという試みは，博物館ならではの活動として意義深いものがある。

（2）歴史の「テーマパーク」野外博物館

　この「環境の中に身を置く展示」は，その臨場感がもたらすエンターテイメント感覚からテーマパーク等と対比して語られることがあるが，歴史を体験できる「テーマパーク」的な施設として見逃せないのが野外博物館といえよう。

　野外博物館として世界的に有名なのがスウェーデンのスカンセンであるが，日本では，明治時代の建築物を移築した博物館明治村が本格的な野外博物館のはじまりといえよう。北海道開拓の村，江戸東京たてもの園，川崎市立日本民家園，府中市郷土の森博物館，千葉県立房総のむら，長崎市グラバー園など，野外博物館では明治・

大正・昭和期の建築物を移築保存または復元したものが「展示物」となっている。

　これらの施設では敷地全体が歴史的景観となっており，建物の保存と合わせて非日常的な世界の中に身を置くことができるところが魅力である。原寸大の異空間体験という意味では屋外と屋内の違いはあるものの，歴史系博物館における原寸模型の情景再現展示とつながるものがある。

　これら近現代の建物の移築系の施設とともに，歴史文化系の野外博物館のもうひとつのグループとして，三内丸山遺跡，仙台市縄文の森広場，登呂遺跡博物館，吉野ヶ里遺跡等，遺跡に併設して原始・古代の建物を復元した施設が挙げられる。また科学技術系では，蒸気機関車の動態保存を行っている京都鉄道博物館の扇形車庫（旧梅小路機関車館）等がある。美術系では，箱根彫刻の森美術館等，美術作品を屋外展示する施設が野外博物館のジャンルとして捉えられている。

（3）水惑星地球のショーケースをめざして

　自然系の博物館に話を転じてみたい。県立クラスの大型博物館は，総合博物館や歴史博物館が，先行して整備されたが，1990年代から2000年代の初頭にかけて，相次いで自然系の専門館や総合博物館ながらも自然史を中心とした博物館が建設されだした。そして多くの博物館で採用されているのが，地球全体の自然をテーマとして扱うという姿勢である。

　公立の博物館は，本来，設置される県や市を資料収集や調査研究のフィールドとしており，展示も地域の歴史や自然を扱うのが通常である。しかしながら，県立の自然史博物館に至っては，地球の誕

生や恐竜などの古生物が織り成すドラマを，地域とは関係なく物語るような展示に重点を置いている。テーマ的にみて，地域の自然特性を物語る以上に，地球全体を視野に入れた方が，来館者の興味をそそりやすい。

そして，こうした館で大活躍するのが大型のジオラマである。ジオラマは，自然系の展示では生態を表現する手法としてポピュラーであるが，対象とするテーマが地球の古環境になると，それを展示室全体を使って復元する等，巨大化していく。2000（平成12）年開館の福井県立恐竜博物館や2002（平成14）年開館の北九州市立いのちのたび博物館など，恐竜が暮らした時代の再現では，動く恐竜ロボットも導入されるなど，臨場感が追及されている。

来館者を包み込んで，異次元の世界へ誘うという点では，歴史博物館の情景を再現するという考え方と通じるものがあり，自然博物館の目玉展示として集客に貢献している。

さて，日本発の動く恐竜ロボットは大英自然史博物館にも導入されている。リアリティーを追及した日本の展示技術は，世界を代表する自然史博物館の展示でも通用することを物語っている。

また大英自然史博物館と並ぶヨーロッパにおける自然史博物館の雄であるフランス国立自然史博物館では，世界中の動物の剥製や標本を集めた「進化の大ギャラリー」が中心的な展示となっている。なかでも目玉展示といわれているのが動物たちの大行進で，キリン，ゾウ，サイ，ライオンなどの剥製が同じ方向を向いて一斉に歩いているかのように展示されている。俯瞰的に見ればノアの箱舟をめざす動物の列のようでもあり，近づいてみると，剥製ながらも動きのあるポーズから動物の息吹を感じることができる。

日本における「環境の中に身を置く展示」は，模型やジオラマに

写真3-4　動物たちの大行進（フランス国立自然史博物館）

よる原寸大の情景再現であるが，剥製という実物資料を使って，それとは異なる，もうひとつの「環境の中に身を置く展示」を実現しているところに興味深いものがある。

3.2.5　水族館や動物園＝「生き物を見せる展示」

　さて，美術館，博物館，科学館の展示を「モノを見せる展示」「モノで語る展示」「体験して学ぶ展示」「環境に身を置く展示」という4つのタイプに区分し，それぞれの展示の方法論について論じてきたが，いずれも，資料・標本や展示制作物等の「非生体物」から展示が成り立っているという意味では同列である。

　それに対して水族館や動物園の展示は，生体展示とも飼育展示ともいわれる「生き物を見せる展示」であり，その実施にあたっては，管理面でも設備面でも独自のノウハウが必要である。生物の動きや表情は常に変化しているため，展示替えをしなくても飽きがこないというところも「生き物を見せる展示」の特色といえよう。

　資料という側面から考えるならば，「生き物を見せる展示」では，死亡や枯死によって資料が消滅するという宿命ももっている。逆に，繁殖により資料が増えることもあるなど「生体」「非生体」の別は，資料の特性を考えるうえで，最も大きな違いと言っても過言ではないだろう。

　一方で，展示としての見せ方という視点に立つならば，「生き物を見せる展示」は，通常の展示（非生体の展示）と類似する側面をもっている。水族館の展示と本論で述べた4つのタイプ展示との類似性をまとめたのが図3-5である。

　伝統的な「汽車窓型水槽」は，魚類を単一の種別ごとに見せる，という意味で「モノを見せる展示」と類似する。

　近年では，珊瑚の海や温帯の海等，魚類や水生生物の生息環境を再現し，その中で複数の種類の魚類を紹介する生態再現水槽が主流となっているが，これは魚類の紹介に加えて環境を物語ることに重きを置いているという点で「モノで語る展示」に該当する方法とい

博物館学	本論	別称（案）	類似	水族館の展示
提示型	モノを見せる展示	（鑑賞型展示）	⇔	汽車窓型水槽
説示型	モノで語る展示	（学習型展示）	⇔	生態再現水槽
教育型	体験して学ぶ展示	（参加型展示）	⇔	タッチプール
体感型	環境に身を置く展示	（体感型展示）	⇔	超大型水槽・水中トンネル

・博物館学の「体感型」は，筆者が加えたもの。
・本論で使った，「モノを見せる展示」「モノで語る展示」は設置者側の視点であり，「体験して学ぶ展示」と「環境に身を置く展示」は，利用者側の視点である。わかりやすい表現である一方で視点はそろっていない。
・そこで，視点を利用者側にそろえるとともに，短い言葉で表現する案として別称（案）を考えた。

図3-5　4つのタイプ展示と水族館の展示

うこともできるだろう。

　また，子どもたちに人気のタッチプールは，まさに「体験して学ぶ展示」のひとつである。そして，水中にいるような気分に浸れる超大型水槽や水中トンネル等は，「環境に身を置く展示」にほかならない。日常的な体験ができるところに魅力があるが，ダイナミックな空間体験とともに，魚類の生態と間近に接することができるところも人気の秘密といえるだろう。こうした超大型水槽や水中トンネル等の体感型の施設は，集客の目玉施設として，水族館に人を集める人気施設となっている。

　さて，筆者は残念ながら飼育展示についての専門的な知識に乏しいため，美術館，博物館，科学館等に見られる「モノを見せる展示」「モノで語る展示」「体験して学ぶ展示」「環境に身を置く展示」という4タイプとの比較という視点から水族館の展示について論じてみた。水族館や動物園など「生き物を見せる展示」では，生き物が本来もっている生態に注目し，その魅力を興味深く見せるさまざまな展示の試みがなされている。旭山動物園や竹島水族館など生き物を熟知した飼育員ならではの発想から実現した展示が話題にのぼっている。こうした取り組みにも目を向けていただければ幸いである。

3.3　博物館からミュージアムへ ── 拡大する 「博物館」の概念

　これまで，一般社会における館のイメージを窓口に，展示の特色とその発展経緯をまとめてみたいという意図から，「美術館」「博物館」「科学館」「水族館」という名称をよりどころに論を展開してきた。それらを総称する言葉として「ミュージアム」が用いられる場

合があるが，美術館も科学館，水族館も法的には「博物館」である
ことを考えると，この「ミュージアム」は，博物館の訳語の
Museum ということになるだろう。

3. 3. 1　テーマミュージアムの時代

　しかしながら今日，この「博物館＝ Museum」という従来の枠
組みを超えた施設が数多く登場している。

　地方に博物館が建設されだした頃は，地域の歴史や文化，自然等
を総合的に扱う館が多かったが，1980 年代の後半から 90 年代にな
ると，祭や伝統芸能，地域ゆかりの人物，伝統工芸，地場産業，農
水産資源等にテーマを絞り込んだ施設が多く登場している。またガ
ラス，オルゴール，おもちゃ，童話，漫画，さらに芸能人やスポー
ツ選手などテーマそのものが来館者の興味を誘うような施設も誕生
した。

　歴史や自然などのオーソドックスな内容の展示では，例えば，歴
史は通史で物語るなど，展示ストーリー上の定石が確立されてお
り，それは同一分野の学芸員の間で共有化もなされているのだが，
全国で唯一，あるいは数例しかないという施設では，展示のコンテ
ンツを検討する段階からオリジナルな作業が必要となってくる。博
物館の展示は「モノで語る展示」がきっかけとなって，それを支え
る各種メディアの発達を促したが，情景再現や特殊映像，参加体験
型の装置などの著しい発達によって「モノが無くても成り立つ展
示」を可能にした。それは，どのようなテーマを掲げても博物館の
展示が成り立つことを可能にし，テーマミュージアムの時代を支え
る原動力となった。

3.3.2　展示学習施設の広がり

　また，もうひとつの流れとして，防災センター，環境センター，自然観察センターなど，展示室の中で学習ができる（＝知的で有益な情報が得られる）施設の登場を挙げることができる。

　博物館は，戦後，博物館法によって社会教育施設として位置づけられ，生涯学習というフレームの中に置かれるようになった。しかしながら，今日，生涯学習は，文部科学省や教育委員会の専売特許ではなく，国土交通省や厚生労働省，環境省，地方自治体では知事部局の各セクションでも，生涯学習を標榜するようになってきている。

　近年では，東日本大震災をはじめ風水害も全国各地で発生していることから，防災や災害の記憶継承をねらいとした施設が増えてきている。次の災害に備える啓発活動を積極的に行うところから，展示のみにとどまるところまで，さまざまな施設が誕生している。阪神・淡路大震災記念 人と防災未来センターや陸前高田市の東日本大震災津波伝承館など，県立クラスの本格的な施設も誕生している。

　先に博物館の資料による区分を，美術，歴史文化，自然，科学技術としたが，防災というテーマに目を向けるならば，災害史や復興の歩みは「歴史文化」であり，災害発生のメカニズムは「自然」であり，防災対策等については「科学技術」の分野になる。従来の資料区分に立脚した博物館の枠組みでは捉えきれない施設といえよう。

3.3.3　博物館とミュージアム

　また，博物館法上で「博物館」と定義される施設の中でも，博物館を名乗らない施設がある一方で，営利を目的とした商業施設や観光施設の中でも博物館や美術館を名乗る施設もあるなど，「博物館」という概念自体が曖昧になってきている。

　そこで，学芸員など専門職員がおり，展示をはじめ，調査研究や収集保存等の活動を展開する施設を「博物館 = Museum」と定義するとともに，それが不十分であっても，展示の場をもち，設置者と市民とのコミュニケーション拡大をねらいとして設置された施設全体を「ミュージアム」と総称することを提案したい（図3-6）。

　それは伝統的な「博物館」の立ち位置を明確にするとともに，新しく登場したさまざまな展示学習施設や営利を目的としながらも公共性を追及する施設にも，市民権を与えることにつながるものと考えられる。

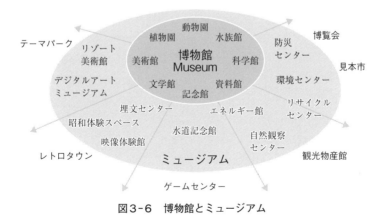

図3-6　博物館とミュージアム

3.3.4 ミュージアムの領域を考える

それでは，どのような施設がミュージアムになるのか，その境界領域を考えてみたい。

観光物産館等の施設は案内や物販が主であるため，一部に地域の自然・歴史・文化を紹介するような展示スペースがあってもミュージアムというには無理がある。テーマパークにはコレクションを見せる展示施設がある場合もあるが，テーマパーク自体はミュージアムではない。

（1）リゾート美術館

ミュージアムとして捉えられる第一条件は，来館者が訪れる展示施設を中心とした館（ハコモノ）ということができるだろう。独立した建物ではなくても，一部のエリアが展示専用のスペースとして確保されていてもよい。軽井沢，蓼科，箱根等の高原リゾートには，民間設立の数多くの「美術館」がつくられている。箱根ポーラ美術館のように一級のコレクションをもち活動も充実した本格的な美術館がある一方で，高原のロマンティックなムードに合わせて観光集客をねらった少女趣味的な美術館も数多く存在している。学術的対応としては玉石混交の状態であるが，来館者にとっては，それなりに充実感を味わえる施設もある。「美術館」を名乗ることを規制する法的制約は無いなかで，こうした施設もミュージアムの範囲に含めるべきであろう。

（2）民間が経営する独創的なミュージアム

ハコモノへの集客で営利をあげる施設として，遊園地のショーラ

イドやお化け屋敷，世界の偉人や有名人を蝋人形で再現したマダム
タッソー館[15]，性風俗関係の資料や模型等を集めた秘宝館[16] などが
ある。モノを見せる展示施設であるが，さすがにそれらを「ミュー
ジアム」とするには抵抗があるだろう。けれども，営利を目的とし
た商業施設・観光施設でありながらも文化の伝承やコミュニケー
ション機能を果たす「ミュージアム」としての条件を備えた施設も
ある。

　新横浜ラーメン博物館は，博物館という名称ながらも，昭和30
年代の街並みの中でラーメンを食べることができる飲食商業施設で
ある。しかしながら歴史的な情景を再現した空間という点では，歴
史文化系博物館の原寸復元と極めて類似している。

　この館が誕生したのは，1994（平成6）年であるが，ちょうどその
頃，3.2.4で述べた「環境に身を置く展示」が注目され，歴史文化
系の博物館の中に昭和時代の情景再現展示が盛んに誕生していっ
た。一方，同時期に昭和レトロブームがおこり，昭和時代の雰囲気
をインテリアとした居酒屋や飲食店も各地で誕生した。その流行が
下火になると，多くの店舗は消えていったが，新横浜ラーメン博物
館は，開館から四半世紀を経た今日でも盛んに活動を続けている。
フードテーマパークという位置づけでありながら，展示の充実や体
験型のイベント展開，時代考証に則した施設改装など博物館顔負け
の活動を展開している。

　残念ながら2019年3月で閉館となった浅草のアミューズミュー
ジアム[17]は，布文化と浮世絵の美術館を標榜し，ボストン美術館の
浮世絵コレクションの映像紹介やツギハギだらけのぼろ布のアート
性に注目した「BORO」の常設展示等を行っていた。「BORO」は，
民俗学者田中忠三郎のコレクションであるが，民俗資料をアート感

覚で紹介した大変ユニークな展示であった。このミュージアムは，大手芸能プロダクション・アミューズが開設したもので，１階は観光客が訪れる和雑貨や伝統工芸品などのミュージアムショップで，６階は夜間に営業するバーになっていた。こうした物販，飲食施設だけでも収益性が期待できるところへ加えて，日本文化を新たな視点から体験できる展示やアミューズの関係スタッフによる接客サービス等が加わり集客施設としての魅力を高めていた。

　一般の美術館にもミュージアムショップや飲食施設があることを考えると，施設的に奇抜なものは無いが，民俗資料という素材を集客資源として活かすとともに，日本文化としての発進力をもたせたことに芸能プロダクションならではの独創性がある。

（３）映像体感ミュージアム

　最後に，映像を利用したエンターテイメント施設を挙げてみたい。

　バンクーバーにあるフライ・オーバー・カナダ（Fly Over Canada）は，カナダの大自然や都市上空の遊覧飛行を大型映像でバーチャル体験できる施設として登場した。浮遊感覚あふれる映像に加えて駆動する座席や水しぶき等の演出もあり，その高い臨場感が話題を呼んでいる。欧米の各国には，都市や地域の自然・歴史・文化を観光客等に向けてガイダンスするミュージアムが見られるが，フライ・オーバー・カナダは，カナダのお家芸ともいうべき大型映像を活用して，その機能を果たしている。

　日本における映像利用のエンターテイメントとしては，お台場のチームラボボーダレス（森ビル　デジタルアート　ミュージアム：エプソン　チームラボボーダレス）や豊洲のチームラボプラネッツ（チー

ムラボプラネッツ TOKYO DMM.com) 等が挙げられる。パートナー
となる企業やコンテンツのコンセプトは異なるが、ともにチームラ
ボ[18] が制作したデジタルテクノロジーによる映像アート作品（デジ
タルアート）を体感できる。超巨大な空間の中でアート作品に自分
が溶け込んでしまうかのような感覚を味わえるところが魅力で、若
者やファミリーの人気を集めている。

　一方で、最先端を標榜する施設は、人気が陰り始めると閉館を余
儀なくされるという宿命をもっている。チームラボプラネッツは、
恒久施設でありながらも期間限定を掲げており、この類の施設は賞
味期限が短いことを表している。

　しかしながら、未知の感覚の新しい体験を求めるのは人間の欲求
のひとつであり、それに応えていくため、今後とも時代時代の最先
端テクノロジーを駆使した新しい体感型の施設が誕生していくもの
と考えられる。こうした施設も新しいタイプのミュージアムとして
受け入れていく必要があるだろう。ミュージアムの領域は、時とと
もに拡大していくものと考えられる。

引用参考文献・注 ―――――――――――――――――――――

1：図書館法第2条より。

2：博物館法第2条より。

3：図書に加えて映像ライブラリーや PC 利用の情報検索を充実させ、メディ
　アセンター等と称する施設もある。

4：科学技術系には、天文、物理、化学の基礎原理等、モノではない資料も
　ある。

5：文化芸術の振興に関する施策の総合的な推進を図り、心豊かな国民生活
　と活力ある社会の実現に寄与することを目的として 2001（平成 13）年に文化

芸術振興基本法として制定され，2017年の改正で文化芸術基本法に名称変更された。第26条では「国は，美術館，博物館，図書館等の充実を図るため，これらの施設に関し，自らの設置等に係る施設の整備，展示等への支援，芸術家等の配置等への支援，文化芸術に関する作品等の記録及び保存への支援その他の必要な施策を講ずるものとする」としている。

6：独立行政法人国立博物館は，2001年4月に発足し，東京国立博物館，京都国立博物館，奈良国立博物館，九州国立博物館を運営していたが，2007年4月に，独立行政法人文化財研究所と統合し独立行政法人国立文化財機構になった。現在は，東京，京都，奈良，九州の4つの国立博物館，東京と奈良の文化財研究所，アジア太平洋無形文化遺産研究センターの7施設を運営している。

7：独立行政法人国立美術館は，東京国立近代美術館，国立西洋美術館，京都国立近代美術館，国立国際美術館を運営する独立行政法人として2001年4月に発足。後に，2007年開館の国立新美術館が加わり，2018年には国立映画アーカイブが設立され，現在は6施設を運営している。

8：開館時は共に国立大学共同利用機関として設立。現在は，大学共同利用機関法人人間文化研究機構を構成する組織となっている。

9：日本科学技術振興財団によって設立・運営されている。展示はいずれもテーマと関連の深い業界団体や企業，助成団体などの制作協力で実施されている。

10：青木豊「提示と説示：提示は博物館展示ではない」『集客力を高める博物館展示論』雄山閣，2013，p.108-110.

11：現在の北海道博物館。2015年4月，道立アイヌ民族文化センターと組織統合し，北海道開拓記念館の建物を活用して展示を改修し，新たに開館した。

12：エクスプロラトリアムは，1976年1月に朝日新聞に連載された「科学と芸術の間アメリカ 視覚の旅から」によって広く日本に紹介された。その後の連載も含めて出版された『境界線の旅』（坂根巌夫，朝日新聞社，1984）には，1970年代に欧米で起こった参加体験型展示の試みが数多く紹介されている。

13：上記の境界線の旅には，この博物館の動向も紹介されている。

14：師勝町歴史民俗資料館として開館し町村合併で現在の名称となった。当初は一般的な地域博物館であったが，学芸員の努力による展示更新で現在のような姿になった。

15：蝋人形彫刻家マリー・タッソー がロンドンに設立。芸能人，スポーツ選手，政治家などの有名人や歴史上の人物を精巧に再現した蝋人形を展示している。ベルリンやニューヨーク，北京など世界の主要都市に分館がある。日本の館は東京のお台場に所在。

16：性風俗や人間の性・生物の性に関する文物を収蔵した施設。一時期，温泉街などの観光スポットを中心に全国でつくられたが，現在ではほとんどが廃館になっている。世界各国にも類似するセックス・ミュージアムがある。

17：2009年11月，中古のビルを利用して開館したが，2019年3月，建物が老朽化したために閉館。コレクションである「BORO」はファッション界からも注目され，閉館後は「BORO」を紹介する展覧会が世界を巡回。新アミューズミュージアムの開館は検討中。

18：チームラボ株式会社。デジタルコンテンツ制作会社でプログラマ，エンジニアをはじめ，ウェブデザイナー，グラフィックデザイナー，CGアニメーター，編集者など，デジタル関係のさまざまな分野の専門家から構成される。芸術的な表現のコンテンツ制作を得意とし，プロジェクションマッピング等も手がけている。

4章

博物館の展示をつくる

この章では，博物館における展示が計画され完成するまでの過程について論じる。博物館づくりのプロセスと合わせて常設展示が完成するまでの流れを概観するとともに，展示シナリオづくりのノウハウについて言及する。

また，ある企画展示を題材に，展示の企画・設計から，完成までの過程をたどりながら，意図したことを展示空間という3次元の場で展示物として具体化させるための方法論についても述べる。

4.1 常設展示と企画展示

博物館の展示には，長期間の公開に堪える内容をもつ常設展示と期間限定で開催される企画展示がある。博物館の展示をつくるプロセスを述べるにあたって，初めにその違いについて明らかにする。

4.1.1 常設展示

博物館の設立目的やテーマに沿ってつくられるのが常設展示である。博物館の印象や評価は，常設展示によって決まると言っても過言ではない。

常設展示は，博物館の開館に合わせて設計・制作施工されるのが通例で，一定期間，使い続けることを前提としている。制作された

時点で展示の終了時期は決まっておらず，陳腐化が激しくなり改装
されるまでは一定の状態が続く。

　常設展示には，博物館の「顔」として，来館者にその博物館の特
色を物語り，館が掲げるテーマを印象づけるような演出性が求めら
れる。その一方で，比較的長期間の展示に堪える内容であることが
必要となる。常設展示で展示される資料の多くは，博物館の所蔵品
を代表するものとして，多くのコレクションの中から厳選される。
その館でしか見ることのできない貴重な資料がある場合，それを目
的とした来館者も多い。いつ来館しても，見たい資料を見ることが
できるのが常設展示の魅力である。

　常設展示の整備には，ある程度，潤沢な予算が必要である。実物
展示とともにテーマを物語るための各種メディアが導入される場合
は，空間デザインや造形技術，映像技術，装置関係等の専門家の参
画が必要となる。

（1）常設展示室

　一部の美術館等を除いて，常設展示を行う博物館であれば，規模
の大小にかかわらず，原則的に常設展示室をもっている。

　大型の博物館では，分野別，テーマ別に複数の常設展示室をもつ
ところもある。総論を物語る総合展示室や特定のテーマに特化した
展示室，収蔵展示室や体験学習展示室など，異なる目的の展示室を
もつケースもある。

　常設展示室の特色は，そこで展開される展示の性格に合わせて，
それにふさわしい空間が設定されることにある。文化財の展示を行
う博物館では，外光は遮断され，資料への影響を考慮した照明計画
がなされる。反対に，実物資料を有しない科学館や体験学習展示室

では，外光を積極的に取り入れて開放的な展示室をめざすケースもある。祭の山車，恐竜化石等の大型展示物を有する館では，それに合わせた大空間の展示室が必要になるなど，建築と展示とが一体となった建設整備が必要となる。

（2）野外展示

　常設展示は展示室（屋内）で行われることが通例であるが，建物の外に置かれる場合もあり，それを野外（屋外）展示という。屋内では展示することが難しい鉄道車両や飛行機，ロケットなどの大型資料や，当該博物館を象徴するような大型造形物が野外展示の対象となる。シンボル性を重視した野外展示が多いなかで，埼玉県立川の博物館のように，荒川水系全体を巨大な模型で表現した事例もある。

（3）リピーター確保の工夫

　常設展示は，博物館を代表する展示である一方で，いつ行っても同じ内容であるため，来館者に飽きられてしまうという側面もある。常設展示は，一度見れば十分という意見もあるなかで，リピーターを確保するために，次のような工夫も試みられている。

■**展示品自体がリピーターを集める集客力をもつ**　　マンガやアニメ，芸能人，自動車や鉄道など，愛好家や一般市民，子どもたちに人気が高く，何度見ても飽きない資料を展示することによって，リピーターを安定的に確保することができる。例えばジブリ美術館や鉄道博物館など。水族館も基本的にこのパターンといえよう。

■**参加性が高いなど充実した時間を過ごせる**　　　見るだけではなく参加体験できる展示を多数，設けることによって，来館者は，博物

館で楽しいひとときを過ごすことができる。科学館等の集客はこのパターンで，休日等に充実した余暇時間を過ごせる日常的な行楽の場として，子どもたちや家族連れを集めている。

■友人や知人を案内したくなる場をめざす　友人や知人に「一度は見てほしい」と思うような展示を実現することで，「案内人」としての再来館を期待することができる。例えば，地域の自然・歴史・文化の特色をドラマチックに物語るような展示では，こうした利用も考えられる。

■展示を「舞台」としたイベントを展開する　例えばギャラリートークやクイズラリーの実施，デモ実験や役者による寸劇の展開等常設展示をイベントの場として活用することで，通常の見学とは異なる魅力を創出することができる。常設展示に人による演出を加えることで，オリジナルな体験が可能となる。

4.1.2　企画展示

　制作された段階で，終了時期が決まっている展示が企画展示である。開催期間は，1週間，1カ月，1年などさまざまである。企画展は，博物館の開館以降，継続して行われるものであり，その企画，準備，実施の中心は学芸員である。

　美術館は，企画展示を中心としたところが多く，なかには常設展示は一切行わないという館もあるが，歴史系や自然系の博物館では，企画展示は常設展示を補完するものとして位置づけられることが多い。

（1）企画展示のタイプ

　企画展示には，いくつかのタイプがある。

■**企画展**　学芸員が企画，実施する展示で，常設展示ではできない踏み込んだテーマで実施するもの，調査・研究成果を発表するもの，年間の特定時期に特別なテーマで開催するもの，新着資料等をいち早く公開するものなど，さまざまな目的で実施される。博物館が所蔵する資料の中で，常設展示で公開できるものは限られているが，頻繁に企画展を行うことでそれを補うことができる。テーマ設定によっては，それまで陽の目を見ることが無かった資料も効果的に活用できる。

　企画展では，館所蔵の資料に加えて，他館や個人所有の資料を借用し，展示することがある。資料は毎回入れ替わるのでリピーターの来館が期待できるが，内容が専門的すぎると集客効果が乏しい場合もある。

　企画展の展示制作は，低予算の場合は学芸員等，館の職員のみで行うこともあるが，ある程度の予算が確保できる場合は，業務の一部または一式を専門会社に発注することもある。

■**特別展**　大規模な企画展を特別展と称することもある。企画展と特別展の区別は館によって異なるが，おおむね予算的にも展示スペースも小規模なものが企画展で，大規模なものが特別展である場合が多い。開催頻度は，企画展を年数回とするならば，特別展は1～2回が通例である。

　特別展は，企画展以上に集客の目玉として位置づけられる場合が多く，その成功が年間の来館者数を左右する。博物館独自に企画するものもあるが，大型の博物館では，新聞社や放送局等との共催によって，より大規模で集客力の高い特別展を実施する場合もある。企画から資料借用，実施までを，新聞社が主体となって推進することもある。こうした展示は，かつては百貨店等の催事場で行われて

いたが，最近では，美術館さらには博物館を会場とすることも多くなってきている。近年では国の美術品補償制度[1]も充実し，博物館が海外等から資料を借用しやすい環境も整っている。

■**巡回展**　マスコミ共催の大規模な特別展は，同じ（ほぼ同一）内容の展示会を全国各地の複数の博物館を会場として開催する場合も多い。こうした展示を，巡回展という。

　巡回展は，企画会社が企画した展示を複数の館に持ち込む場合もある。また，テーマが類似した複数の博物館が共同で企画し，各館の資料等を持ち寄りながら1つの展示を完成させて，それを共催の各館で持ち回りで展示するという場合もある。

（2）企画展示室

　企画展，特別展，巡回展等，多様な内容の企画展示に対応していくために，企画展示室には，汎用性の高い空間や設備が求められる。さまざまな資料が簡単に脱着できる展示壁や資料交換がしやすい壁面展示ケース，移動可能な独立ケース等，美術・歴史・自然等，企画展示室には，それぞれの資料分野に合わせた什器等が必要となる。

　また，さまざまな規模の企画展示に対応するため，移動式の間仕切り壁を備えるところもある。さらに常設展示室の一部を企画展示が可能な仕様とし，通常は，館所蔵のコレクション展示の場として利用するとともに，特別展の開催時には，常設の展示物を撤去して，特別展の会場として使用するという方法もある。

　国宝・重要文化財等の文化財を使った企画展示を考える博物館では，企画展示室を公開承認施設[2]の認定を受けられる仕様にする必要がある。

公開承認施設に認定されるためには，一定期間・回数の国指定文化財の展示実績や文化財の取り扱いに習熟した専門職員の配置などが必要であることから，公開承認施設は，登録博物館，博物館相当施設とともに，新たな博物館の基準となっている。

4.2　博物館づくりと常設展示

　博物館の展示は，開館した時がスタートであり，時の経過とともに進化・発展していくことが理想とされている。開館後の運営のなかで計画・実施される企画展示は，こうした考え方に則した展開も可能であるが，常設展示の場合は，展示されている資料の交換や部分更新等はあるものの，展示全体を変えるのは開館から10〜20年，あるいはそれ以上の期間を経た大規模な展示改装を待たなければならない。

　言い換えれば，それだけ博物館開館時の展示づくりが重要であることを物語っている。そして充実した質の高い展示を実現するためには，そのベースとなる展示シナリオの作成が重要なポイントとなる。

4.2.1　博物館ができるまで

　展示の構想から，完成までの過程を述べるにあたって，まず，博物館づくりの流れを概観してみたい。博物館づくりは，大きく構想段階，設計段階，施工段階の3段階で進行する（図4-1）。

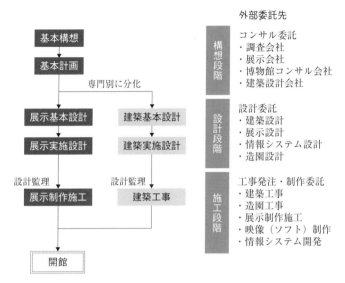

図4-1　博物館づくりの流れ

（1）構想段階

　博物館建設事業のフレームを固めるのが構想段階である。基本構想，基本計画の2段階を経て博物館全体の基本理念，整備の方向性，施設，展示，活動，運営等のあり方を策定する。有識者からなる検討委員会を設けて議論を重ねるとともに，博物館づくり全体の各種ノウハウを有するコンサルティング会社等がそれを支援するケースが多い。

　基本構想では，博物館建設のニーズ等，調査等による与件の整理に基づいて，建設の基本理念や目的，それを満たすための活動や施設の概要を策定する。

　基本計画では，構想で示された理念や目的を具体化するための諸計画を策定する。施設，展示，活動，運営等の具体的な方向性を検

討し，博物館の全体像を明らかにする。

（2）設計段階

　設計の段階になると，建築，展示，造園，情報システム等，各分野の専門会社に設計業務が委託発注される。基本設計で方向性を定め，実施設計で，それに基づいた詳細設計が行われる。

　展示基本設計では，基本計画で示された方向性を確認しながら，展示のねらいやテーマ，構成等を明確化する。展示の考え方が「空間」として成り立つよう検討し，展示の骨子を固める。

　展示実施設計では，基本設計をベースに詳細を詰めて図面化する。必要に応じて各種の図面が作成される。模型やジオラマ等，図面表現が難しいものはイメージスケッチ等で表現する。映像やICTメディアは，画面展開や文章表現で「シナリオ」としてまとめる。

（3）施工段階

　設計が完了すると，その設計図に基づいて入札で制作施工を行う業者を決定する。公共建築は，原則的に設計と工事は，別の業者に発注されるが，展示は，設計と施工を同一の会社が担当することが多い。施工時には，設計どおりに施工が行われているかをチェックする設計監理者が必要となるため，同じ会社が設計から施工までを一貫して行う方がコスト的な効率化を図れる。

　展示の制作施工では，実施設計図に従って，什器やパネル，模型・造形物等の展示物を工場で製作する。完成したものを現場に搬入・設置する。大型の展示物等については現場で製作することもある。

（4）完成までの期間

　公立の博物館では，基本構想，基本計画，基本設計，実施設計の各ステップは，それぞれ単年度の業務として予算化されることが多い。一方，建物の着工から使用開始までは，文化財を保存・展示する施設ではひと夏（理想的にはふた夏）のカラシ期間が必要であることから最低でも 1.5 ～ 2 年かかる。このため博物館は，構想開始から完成まで，6 年以上を要するのが基本である。

　しかしながら，小型の博物館では，構想と計画を 1 年で行ったり，計画から，基本・実施設計をまとめて 1 年で行うなど，工期を圧縮する事例も多くみられる。

4.2.2　展示に関わる人びと

　博物館の建設には，多くの人びとが関わっている。公立の博物館でいうならば，博物館建設の最終的な意思決定をする首長やそれを承認する議会にはじまり，教育委員会や首長部局の各部門，さらに有識者による検討委員会や利用者としての市民など。こうした設置者サイドの人びとに加えて，建設業務を請け負う会社も多岐にわたる。構想・計画の策定を支援するコンサル会社，建築設計会社，建設工事会社，造園会社，さらに収蔵庫等の設備会社や情報システム開発会社など。

　こうしたなかで，展示づくりに関する各段階の業務は，展示会社が受託することが通例となっている。作品鑑賞を主目的とした美術館の展示では，作品を選択して構成することが中心であり，展示に関する制作物はパネル等に限られるため，展示会社は関与せずに，建設が行われる場合もある。しかしながら，博物館では，展示ケースにはじまり，グラフィックパネル，模型やジオラマ等の造形物，

映像など，さまざまな制作物が必要となる。それらをトータルに
コーディネートする機能が必要であり，展示会社がそれを担っている。

　資料を活用して意図を情報伝達する博物館の展示では，これらの
資料に関する知識と取り扱いに熟知した学芸員（あるいは研究者，
調査員，文化財専門職員等）が主導的な立場で関与する必要がある
ことは言うまでもないが，学芸員等の意図や研究成果を制作物に置
き換えて表現するための専門技術集団も必要不可欠となる（図4-2）。

　欧米の大型博物館では，デザイナーや造形技術者等，展示に関す
る専門技術者が博物館のスタッフとして常駐し，学芸員（キュレー
ター）との共同作業で展示を自作するところもある。しかしながら，
日本における博物館の専門職は，近年では教育者（エデュケーター）
や司書（ライブラリアン）が加わるケースはあるものの基本的に学
芸員である。

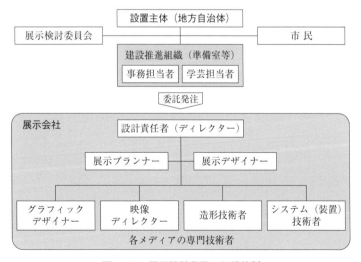

図4-2　展示設計段階の組織体制

　「学芸員は雑芸員」ともいわれるように，その業務内容は多岐に
わたるが，博物館の建設時に行われる展示計画に，常設展示づくり
の経験をもつ学芸員が携わる機会は少ない。一方で，展示会社のス
タッフは，全国で数多くの博物館を手がけている。展示づくりを円
滑に進めるためには，展示表現や展示制作等についての経験を，学
芸員を支援するひとつの専門性として捉え，活かしていく必要があ
る。

　博物館の展示は，恒久施設の大型物件であることから，特に公立
の博物館では，業務を委託する業者の選定には，公正さが求められ
る。業者選定は，博物館建設の各段階で行われることもあるが，構
想段階でのコンサル選定，展示（基本・実施）設計の設計業者選定，
制作施工時の製作業者選定というように，展示づくりの流れのなか
で3回程度，行われることが多い。その方法は，入札やコンペ，プ
ロポーザルによる選定があるが，展示設計では，発注者と委託業者
との良きパートナー関係が求められることから，プロポーザル[3]が
実施されるケースが多い。

4.2.3　展示づくりと展示シナリオ

　博物館における展示づくりは，展示の企画からスタートする。展
示全体の意図や伝達したい情報，展示の内容とその流れ，展示する
資料，採用する展示メディア，展示空間についての考え方等を文章
や図表で示したものが，展示シナリオである。

　展示による情報発信の基本構造は6W2Hであることは，1章で
述べたが，Why（意図），Who（送り手），Whom（受け手），What
（内容），When（時期・時間），Where（場所），How to（手段・方
法），How Much（経費）を明確にしていくことが展示シナリオの

基本となる。展示シナリオは，基本構想，基本計画，基本設計，実施設計等，それぞれの段階で検討される（図4-3）。

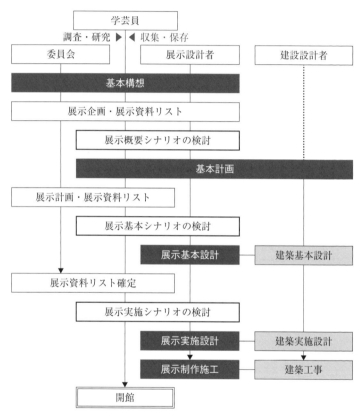

図4-3　各段階における展示シナリオの検討

（1）展示企画のスタート

　基本構想の段階では，立地，規模，開館後の活動や運営，建設予算等，博物館建設に関わるさまざまな事項の検討が開始されるが，展示については，展示理念，すなわち展示のねらいや目的，それを表す展示テーマの検討等に力が注がれる。基本計画の段階に入ると，展示構成として，展示のストーリーや大まかな内容，展示することが望まれる代表的な資料等も検討される。

　基本計画では，基本構想で策定された基本理念を踏まえながら，それを具体化するための諸計画として「施設計画」「展示計画」「活動計画」「運営計画」等が策定される。その内の「展示計画」が，常設展示のテーマ，展示の対象，各ゾーンのねらいや内容などを明らかにする展示概要シナリオである。博物館がめざす展示の基本的な考え方をまとめたものであり，この「展示計画」＝展示概要シナリオを満たしていくことが，展示設計や建築設計の与件となる。

　構想・計画段階の展示シナリオは，博物館の根幹に関わるものであることから，設置者自らが主体的に策定していくことが望ましい。しかしながら，この段階では，学芸員等の専門職員が配置されない場合も多く，外部の有識者やそれをとりまとめるコンサル等が中心となって進めていく場合もある。

（2）展示の全体像を明らかにする基本設計

　基本設計の段階に入ると，展示シナリオは，展示設計業務の一環として作成される。文章や概念図を中心とした展示シナリオと，空間デザインを表現する平面図や立面図，完成イメージのスケッチ等の双方によって展示の基本設計は成り立っている。

　この基本設計段階でのシナリオづくりでは，展示のねらいやテー

マ，ターゲット，性格等，基本計画で示された考え方に沿って，各ゾーンの展示意図の明確化を図るとともに，展示内容や展示構成を検討し，策定する。加えて，展示内容を視覚化するメディアや展示演出の概要も検討し，制作する展示の基本形を確定する。

こうした作業は，常に空間デザインの検討と平行して行う必要がある。基本計画の段階では，建築等も決まっていないので，展示構成は，空間的な制約に左右されることなく純粋に理想とする考え方を示したものとなる。けれども，基本設計の段階では，建築設計が先行してすでに展示室の形状が決まっているか，建築設計と平行して展示設計を進めることが通例である。したがって展示構成やそれを空間に入れ込んだゾーニング等は，建築の空間的条件を満たすとともに，その空間の中で実現が可能なものにまとめていく必要がある。そのためには，学芸員等，学術内容の専門家に加えて，空間について熟知したプランナーやデザイナーなど展示の専門家の参画が必須となる。

一方，学芸員等，設置者側の専門職員は，展示シナリオやそれを踏まえた空間デザインの監修チェックに努めるとともに，その内容等を固めるにあたって必要な各種の資料等を準備する。

（3）「空間系」と「情報系」からなる展示設計

実施設計の中心は，基本設計で示された展示のイメージや考え方を詳細に図面化していく作業である。床，壁，天井の仕様や構成，ケースやステージ等の展示製作物の形状や配置等を示した数々の図面が作成される。こうした展示のハウジングの設計を「空間系」とするならば，そのなかで展開されるコンテンツとなるグラフィックや造形物，映像等についてさまざまな取り決めをしていくことが「情

基本構想	博物館に対する地域住民の意識や要望	社会的背景と建設テーマ
	地域の既存博物館，文化財の状況	建設の意義と目的 性格と果たすべき機能 施設概要（立地，規模と事業費）
	類似するテーマの博物館の先進事例	活動概要（展示，学習交流，市民参加等）

	施設計画	展示計画	活動計画	運営計画
基本計画	・建設予定地 ・敷地計画 　（造園，駐車場等） ・建築計画 　（規模，構造等） ・必要な施設と構成 ・誘導計画	・設定する展示の種類 ・常設展示のテーマと 　対象 ・各ゾーンのねらいと 　内容 ・企画展示（頻度等） ・屋外展示など	・資料の収集，保管， 　修復等の方針 ・調査研究活動の指針 ・学習交流や学校連携 　等の活動概要 ・情報システム計画 ・広報，集客計画	・開館時間，料金等 ・運営方式と組織体制 ・市民参加のあり方 ・関係諸施設，機関と 　の連携 ・事業計画 　（予算・収支計画）

展示概要シナリオ

	展示の考え方	展示の内容と構成	展示メディア・演出	展示空間
展示基本設計	・展示のねらい ・展示テーマ ・主なターゲット ・展示の性格	・各ゾーンの意図 ・各ゾーンの展示内容 ・展示構成（概念図） ・展示構成リスト	・立体造形計画 ・電子映像計画 ・照明演出計画 ・解説計画など	・ゾーニング ・動線図 ・平面図・立面図 ・完成イメージ

展示基本シナリオ　　　**設計図面**

	特記仕様書	情報系設計 （コンテンツ）	空間系設計 （ハウジング）		
展示実施設計	・特記仕様書 ・展示構成リスト	・サイン計画図 ・グラフィック図 ・造形図・装置図 ・映像シナリオ ・ITメディアシナリオ	・全体ゾーニング図 ・全体動線図 ・全体平面図 ・全体立面図 ・全体鳥瞰図	・ゾーンイメージ図 ・展示物展開図 ・詳細平面図 ・詳細立面図 ・什器備品図	・各種詳細図 ・部分拡大図 ・電気図 ・照明図 ・天井伏図

展示実施シナリオ　　　**設計図面**

	素材制作	工場製作	現場設営	・工場製作物設置 ・大型展示物設置
展示制作施工	・解説原稿作成 ・イラスト原画作成 ・写真映像撮影 ・既存ソフト収集 ・現地型どり収集	・グラフィック制作 ・パネル製作 ・映像等編集 ・模型・造形物制作 ・什器製作	現場製作	・床・壁・天井工事 ・電気工事 ・ジオラマ等現地制作

図4-4　博物館づくりの各工程と展示シナリオ

報系」の設計となる。「情報系」の設計は，図面以外の形式で表現されるが，それを展示実施シナリオとして捉えることができる。

　グラフィックのデザインは，特殊なものを除いて制作施工時に行うことが多い。実施設計の時点では，文字原稿や写真，図版等の点数が集計できるレベルの要素図を作成する。また，造形物は，制作の元となる原資料とともに，それが完成した時のイメージが把握できるようなスケッチを作成する。映像については，時間や趣旨，ストーリー展開等を記した簡易シナリオを作成する（図4-4）。

4.3　展示シナリオ作成のプロセス

　これまで博物館の建設時における常設展示のシナリオづくりについて概観してきたが，展示シナリオは，一般的に展示理念，展示構成，展示展開の3要素から成り立っている。

　展示理念とは，展示のねらいや目的，対象，それらを踏まえた展示テーマ等を指し，展示企画の初期の段階で検討する必要がある。常設展示の場合は，基本構想・基本計画の段階で策定される。展示構成は，展示理念を具現化するための展示ストーリー，そのなかに盛り込むべき内容，展示の候補となる資料や採用したいメディア等を整理した展示構成リスト等である。これが明らかになることで，空間のゾーニングや平面の検討が可能となる。展示展開とは，展示を構成する個々の要素の具体的な見せ方を意味する。完成イメージを描くことにはじまり，それを実現するためのメディアを検討する。常設展示の設計では，基本設計時から検討を始め，実施設計終了時にグラフィック・映像・造形・装置等，メディアごとの展示シナリオとして完成させる（図4-5）。

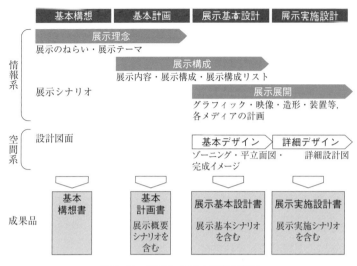

図4-5　展示シナリオ作成の進行

　こうした，展示シナリオづくりの一連の作業は，博物館建設時における常設展示だけではなく，展示更新や企画展示等でも同じ流れとなっている。

4.3.1　展示理念をつくる

　展示企画のスタートとして，博物館を取り巻く社会的背景や市民のニーズ，建築条件等を基につくられた博物館全体のコンセプトを確認し，展示企画の背景理解に努める。この分析が的確でなければ，当然のことながら，企画全体にも影響を及ぼすため，最初が肝心である。

（1）展示のねらいの明確化

　全体コンセプトを受けて，展示のねらいや位置づけを明確化する。例えば，博物館の諸活動のなかで，展示の役割は「きっかけづくりの場」であり，そこで興味をもった人びとへの対応としては，申込み式で参加できる学習教室を用意し，専門家へのサービスとしては収蔵庫の見学ツアーを用意するなど，学習交流や情報発信等，博物館の果たす諸機能のなかにおける展示の役割を明確にしていく（図4‐6）。

　また，展示の性格を明確化し，空間づくりの方向性を決める。例えば，文化財の保存を第一に考えた展示とするならば，照明は，展示物を保護するために来館者が訪れたときだけ明るくなるような自動調光式を採用し，資料保存のための頻繁な展示替え[4]に対応するケースや什器を採用する必要がある。一方で，親子で楽しめるような展示をめざすならば，外光を取り入れた明るい展示室にすると同時に，色彩等にも配慮し楽しい雰囲気を演出するなど，展示空間づくりの方針が明らかとなる。

施設系	活動系
映像シアター＝共有体験の場	体験教室＝興味をもった人びとへの対応
展示＝きっかけづくりの場	収蔵庫見学＝専門家へのサービス
情報ライブラリー＝自己学習の場	移動博物館＝学校教育との連携

⇩

展示の役割の明確化に基づいて，展示の方針を決める。
（展示の性格，展示環境，来館者との関係，等）

図4‐6　展示の役割の明確化

（2）展示テーマの策定

　同時に，展示テーマを策定する。博物館全体が掲げる理念と展示の理念では次元が異なるが，展示は，その博物館の顔になることから，博物館の理念＝展示の理念となることも多い。そして，展示の理念をわかりやすく表現したのが展示テーマである。

　例えば，江戸時代といっても，歴史上のすべてを展示で描くことはできない。そこで「街道の文化」「川と交易」「民衆の営み」「進取の気性」などの展示テーマを設定する必要がある。展示テーマは，学説や学術研究の成果，地域や文化特性，人びとの関心や流行などの時代性，さらに歴史観や自然観等の価値観に照らし合わせて検討されて，展示で取り上げる事象を選択するための指針となる。

　全体テーマのもとに複数のサブテーマが設定されることもある。サブテーマは，展示タイトルとなる場合や，大型館では，各展示室のテーマになる場合もある。また，小型館では，室内のゾーンのテーマとなる。展示の大小にかかわらず，この階層構造を考えることが大切である。

（3）展示のフィロソフィー

　この展示テーマを策定するまでの検討は，おおむね，基本計画を策定するまでの間に行われるが，ここで重要になるのが，展示の哲学（フィロソフィー）の構築である。

　近年，戦災・震災・公害・人権抑圧・事件・事故など，先人が経験した負の体験を，社会的な「記憶」として後世に伝えていくための博物館[5]が数多く誕生している。こうした博物館では，今日の政治的立場や思想，心情とも深く関連し，また，関係者が生存していることも多いことから特別な配慮が必要になるケースが多い。

その最も端的な例が，先の大戦[6]をテーマにした博物館といえよう。靖国神社の遊就館では，先の大戦を表記する言葉として，教科書等で使われている太平洋戦争ではなく，大東亜戦争を用いている。沖縄戦での特攻の様子を描き，日本の戦いによって，アジアの各国が植民地からの独立という方向に向かったという展示で，全体のストーリーを結んでいる。一方で，沖縄県平和祈念資料館では，住民の視点からみた沖縄戦というテーマの中で，戦災から避難する住民にとって，日本軍は，守護者ではなかったことを物語る展示[7]を設けている。

　その違いは何だろう。靖国神社は，戦前は国家神道の中心として戦争遂行の精神的な支えを担ってきたが，今日では，ひとつの宗教法人である。いわば民間と同じ立場であり，独自に建設した館で，自らの主張を展開する展示を行っている。沖縄県平和祈念資料館の場合は，地上戦で四分の一の県民が犠牲となり，その多くは，日本軍の敗残兵と避難住民との混在から生じたガマでの惨劇であり，さらに戦後27年間，米国の統治下に置かれ，現在もなお基地問題を抱えているという沖縄の特殊な歴史を背景としている。

　このように，先の大戦をテーマにした博物館では，設置者それぞれの歴史観や地域の感情に配慮した展示がなされているのである。

　これは，日本だけのことではない。かつて，米国のスミソニアン航空宇宙博物館では，広島に原爆を投下したB29爆撃機「エノラゲイ」を展示するに際して，原爆被害や歴史的背景も含めた展示を計画した。けれどもこの展示計画は，原爆投下が戦争終結の速度を速め，米軍の犠牲を少なくしたという考え方をもつ退役軍人等の批判にあって1995年に中止が決定され，さらには，混乱の責任をとってスミソニアンの館長が辞職するという事態になった。

　学術的な視点を超えて，時の市民感情に展示が左右されるという
のは，とりわけ関係者が存命している近現代の展示では，洋の東西
を問わず避けることはできない。

　日本では，戦後50年（1995年）を契機に，戦争体験者が高齢化
していくなかで戦争被害や戦争での犠牲，労苦を後世に伝えるため
の博物館，いわゆる平和博物館が盛んに計画されるようになった。
そのなかで問題となった議論のひとつが，戦争の「被害」に加えて
「加害」の側面をどのように伝えていくかである。一方で加害を強
調すると自国の歴史に誇りをもてなくなるという意見もあり，異な
る意見の対立によって博物館の建設計画が翻弄されることもあっ
た。「戦没者追悼平和祈念館」という仮称で計画された昭和館（1999
年開館）は，幾多の展示計画の見直しという，産みの苦しみを経て
誕生した施設の代表といえよう。

　それから約20年が経過した今日，戦争体験者の高齢化がさらに
進むなかで，日本の平和博物館の代表ともいうべき広島平和記念資
料館（原爆資料館）は，いつの日にか来る被爆者無き時代に備えて
展示の方向性を大きく変更した。2019年4月にリニューアルされ
た展示では，それまで資料館の象徴とされてきた「被爆人形」[8]は，
つくりものに過ぎないとして撤去され，それに代わって当時の記録
写真と被爆者が描いた原爆の絵を組み合わせた展示が，被爆の地獄
図の数々を物語っている。原爆投下後の惨状を「記録」として残し
た白黒写真と，被爆者の脳裏に焼きついた凄惨な「記憶」を描いた
素朴ながらも力強い色彩の絵画。その組み合わせが来館者一人ひと
りの想像力をかき立て，きのこ雲の下で起きた現実に向かい合うこ
とができる展示となっている。

　この原爆資料館のリニューアルに一貫して流れるのは，遺品や写

真に宿る人びとの物語にスポットを当てることによって，突然断ち切られた日常や大切な人を奪われた家族の悲しみなど，被爆者の痛みを自分のこととして感じてもらうという姿勢である。戦争での出来事を自分のこととして感じてもらうために，個人個人の物語を掘り下げるという手法は，これまでにも各地の平和博物館で見られたが，被爆の実相を物語る展示全体を通じて，一貫してこの展示哲学（フィロソフィー）を採用した意義は大きい。

原爆資料館には，修学旅行等で中高生が全国から来館するが，自分と同世代の人間が残した遺品に対する関心の度合いが高いという若い世代の動向を踏まえて，リニューアルされた展示では，当時10代だった方の遺品が多く展示されている。こうした取り組みも次の世代に被爆を語り継ぐ工夫のひとつといえよう。

原爆資料館は，世界唯一の被爆国の展示として高い評価を受ける一方で，日本人の被害を強調した施設であるという批判がある。新しい展示では，犠牲になった外国籍の方の遺品も展示し，そこに秘められた物語を明らかにすることで，被爆は日本人だけにとどまらないという原爆の無差別性を表現する工夫もなされている。戦争に関する展示における被害，さらに加害の描き方には，さまざま議論があるが，実物資料から物語を紡ぐという方法は，イデオロギーを超えた説得力をもつ。それは博物館展示の原点ともいえるが，一方で資料の中に秘められた物語を導きだしていく作業は，膨大な手間と時間がかかる。こうしたことに正面から挑戦した原爆資料館の試みは，今後の戦争に関する展示のあり方に，一石を投じているといえよう。

4. 3. 2　展示構成を考える

　さて，展示テーマが決まると，それに沿って構成されるのが展示ストーリーである。図書に，章，節，項などの階層があるように，展示も，大項目，中項目，小項目などの階層によるストーリー化がなされる。大中小の項目は展示空間にも対応し，それぞれが，展示ゾーン，展示コーナー，展示アイテムとなる。基本計画の段階では，展示ゾーンのレベルまでは決まっていることが多いが，展示コーナーや展示アイテムのレベルを検討，確定していくのが，基本設計段階での作業であり，これが展示のストーリーづくりの中心となる。

（1）展示情報の階層化

　展示ゾーンとは，展示室をいくつかに区分する単位で，それぞれが主題をもつ。展示ゾーンは「ひとつの話題」を物語る複数の展示コーナーで構成される。展示コーナーは複数の「展示物」で構成される。ひとつの「展示物」は展示アイテムと呼ばれ，展示アイテムは単数またはグループ化された複数の資料で構成される。

　空間的にみると，展示ゾーンは歩行をともなう移動によってはじめて全容を把握できる範囲であり，展示コーナーは1カ所に立って全体が見渡せる範囲である。そのなかで，首を動かさずにすべてを見ることができるのが展示アイテムである。さらに展示エレメント（細目）などに細分化される場合もある。

　これは，あくまでも，ひとつの目安であり，すべての展示にあてはまるとはいえないが，展示情報を階層化していくということは，空間レベルでの階層化を考えることに他ならない。

　以下に，「縄文時代のくらし」という展示ゾーンをモデル[9]とし，

展示のストーリーづくりと階層化を解説してみたい（図4-7）。

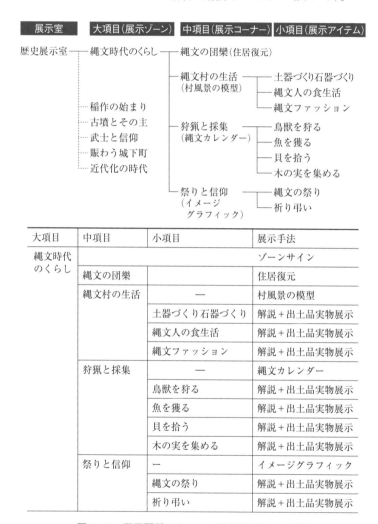

大項目	中項目	小項目	展示手法
縄文時代のくらし			ゾーンサイン
	縄文の団欒		住居復元
	縄文村の生活	―	村風景の模型
		土器づくり石器づくり	解説＋出土品実物展示
		縄文人の食生活	解説＋出土品実物展示
		縄文ファッション	解説＋出土品実物展示
	狩猟と採集	―	縄文カレンダー
		鳥獣を狩る	解説＋出土品実物展示
		魚を獲る	解説＋出土品実物展示
		貝を拾う	解説＋出土品実物展示
		木の実を集める	解説＋出土品実物展示
	祭りと信仰	―	イメージグラフィック
		縄文の祭り	解説＋出土品実物展示
		祈り弔い	解説＋出土品実物展示

図4-7　階層関係のチャート図表現とリスト表現

　展示ゾーンの中には，「縄文の団欒」「縄文村の生活」「狩猟と採集」「祭りと信仰」という4つの展示コーナーが設けられているとしよう。この4つのコーナーで，ひと組の家族を主役に，縄文時代のくらしを物語っていく。

　最初の展示コーナーの「縄文の団欒」では来館者に縄文時代の家族の生活イメージをつかんでもらい，次に生活と生業という2つの視点から，縄文人の暮らしを物語る。そして締めくくりの「祭りと信仰」のコーナーで，当時の人びとの喜びや悲しみに想いを馳せてもらうというストーリーである。

　4つの展示コーナーは，それぞれがいくつかの展示アイテムから成り立っているが，その全体像は，チャート図等を用いると階層関係がわかりやすい。またリストを使って表現することもできる。

（2）相関関係の把握

　展示は，来館者が歩行することによって場面が展開し情報提供がなされる。来館者に，展示の企画者が意図する順番で展示を見てもらうためには，何らかの「仕掛け」が必要である。矢印等のサインによる展示順路の誘導に加えて，シンボル展示等，来館者の目を引きやすい展示を設定し，知らず知らずのうちに観覧する順番の流れをつくるという方法もある。

　このモデルの展示コーナー，「縄文の団欒」は，ストーリー上，最初に見る展示であると同時に，「縄文時代のくらし」ゾーン全体のシンボル展示という位置づけを担っている。例えば原寸大の縄文住居を復元し，その中で囲炉裏を囲む家族団欒の風景を人形によって再現するなど，どこから見ても目立つ展示とすることで，来館者の興味を引きつけることを想定した。

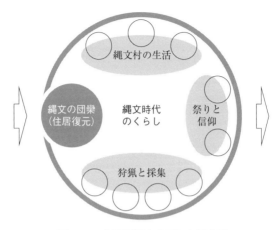

図4-8　相関関係を表現した概念図

　展示による情報提供では，順番どおりに見ていく必要がある場合とそうではない場合とがある。この例でいうならば，「縄文の団欒」を最初に見せて「祭りと信仰」で締めくくるという流れは，必須であっても，「縄文村の生活」と「狩猟と採集」はどちらから見てもよい。こうした相関関係や重要性等，展示ストーリーのニュアンスを表現していくために，展示シナリオでは，文章表現やリストとともに概念図が用いられることが多い（図4-8）。

（3）全体ストーリーとしての編集

　展示ゾーン内での相関関係に加えて，各ゾーンを組み合わせた展示全体としての流れやドラマ性や起承転結等を考えることによって，全体としての展示ストーリーが完成する。その検討にあたっては，いくつかの基本的な定石がある（図4-9）。

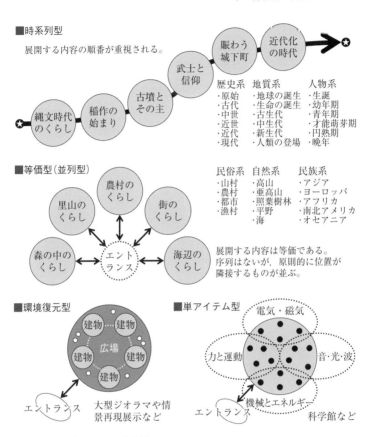

■時系列型

展開する内容の順番が重視される。

歴史系	地質系	人物系
・原始	・地球の誕生	・生誕
・古代	・生命の誕生	・幼年期
・中世	・古生代	・青年期
・近世	・中生代	・才能萌芽期
・近代	・新生代	・円熟期
・現代	・人類の登場	・晩年

■等価型（並列型）

民俗系	自然系	民族系
・山村	・高山	・アジア
・農村	・亜高山	・ヨーロッパ
・都市	・照葉樹林	・アフリカ
・漁村	・平野	・南北アメリカ
	・海	・オセアニア

展開する内容は等価である。
序列はないが，原則的に位置が
隣接するものが並ぶ。

■環境復元型

大型ジオラマや情景再現展示など

■単アイテム型

科学館など

■定石の組み合わせ　Cf. 文学館

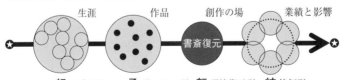

起 時系列型　**承** 単アイテム型　**転** 環境復元型　**結** 等価型

図4-9　展示構成（展示ストーリー）の定石

■時系列型　時間経過を追って事象を紹介していくストーリー展開で，原始・古代から，近現代まで時代順に構成される歴史展示がその代表である。

　自然系の展示でいえば，地質の展示は，地球の誕生から生命の誕生，人類の登場へと時間をたどっていく。文学館等で人の一生を描く場合にも，誕生から幼年期，青年期，そして晩年としていくのが自然の流れといえよう。

■等価型　歴史系の展示が時間軸に沿って展開されるのに対して，山村，農村，都市，漁村等の空間によって区分されるのが民俗展示である。位置的に隣接するものを並べるのが通例であるが，その順番による序列はなく，それぞれの価値は，同一であることから等価型とした。自然系でも高山から平野，海まで環境ごとにまとめた展示がこのタイプとなる。

■単アイテム型　単品（単アイテム）の展示物の一つひとつが完結した話題となっているもので，科学館の展示が代表的である。力と運動や電気・磁気など，コーナーごとに整理されて構成されるのが通例であるが，便宜的なもので，その枠を取り外したとしても，あまり影響はない。展示の完成度は個々の展示物の個性やできばえに大きく左右される。

■環境復元型　情景再現展示や大形ジオラマなど，展示室全体が1つの異次元空間となっているような展示では，その空間をつくるための拠り所となる「バックストーリー」が必要となる。例えば，江戸時代の街並みを再現する場合，1軒1軒の店の設定や取り扱う商品などに加えて，取引先や繁盛ぶり，主人の性格や家族構成など，一見しただけではわからないものまでが細かく設定される。その精度の高さが，展示のグレードを左右するポイントとなる。

■定石の組み合わせ　こうしたストーリーづくりの定石をいくつか組み合わせて展開していく場合もある。例えば，個人の作家にスポットをあてた文学館を想定して，定石の組み合わせを考えてみると，作家の生涯を紹介するゾーンでは，誕生から晩年までを描く時系列型を採用し，作品の紹介では，個々の作品そのものに重きを置くことから単アイテム型となり，書斎など創作の場の復元は，環境復元型で行い，作家としての業績は，文壇と関係や交流関係，社会奉仕活動など，多様な側面を並列的に物語り，全体として起承転結が明確な展示ストーリーとして仕上げるというような展開である。

　展示のストーリーづくりは，必ずしも定石にとらわれる必要はないのだが，一方で，定石に沿った整理をしていくことで，わかりやすく，かつ実際の展示として実現可能なストーリーを構築していくための指針となる。

（4）空間デザインの開始

　そして完成した展示ストーリーを基に，空間デザインの作業が開始される。展示ストーリーを展示空間の中にあてはめたゾーニング図が作成され，ゾーニングを拠り所に平面構成が検討される。実際には，展示ストーリー，ゾーニング，平面図の作成は，進行と見直しを繰り返しながら平行作業として進んでいく。そして平面図とそれをベースとした立面図が固まると，展示室全体の完成イメージ（スケッチ）を描くことができる。

　映像や小説等とは異なり，展示ストーリーは，動線や展示室の形状等の空間条件に大きく左右される。考案したストーリーが，空間の中で必ずしも成立するとは限らず，空間条件を加味したうえで，改めてストーリーから検討し直すという場合もある。展示のストー

リーづくりは，常にこの「空間」という制約と正面から向かい合っていくことが求められるのである。

4.3.3 展示展開を決める

展示ストーリーからゾーニング，完成イメージまで，一連の展示構成の検討作業の締めくくりとして，展示構成リストが作成される。大項目，中項目，小項目等，展示のゾーンやコーナーの階層関係を明らかにするとともに，展示として使われる資料や採用が望まれるメディアが記載される。それを拠り所に，次の展示展開が検討される。

（1）展示メディアの選定

博物館の展示は，「モノで語る展示」であると述べたように，実物展示は博物館展示の基本である。日本の博物館には，単体で観賞に堪えるような実物資料が少ないという事情があるが，資料を比較して見せたり，関連する資料を並べて見せるなどの工夫によって，実物資料は，ストーリーの饒舌な語り部となる可能性をもっている。

一方で，実物資料だけでは語りきれない情報を伝達する方法として，さまざまな展示メディアがある。展示シナリオを最終的に完成させていくためには，展示ストーリーづくりや展示内容の決め込みとともに，それを表現するためにふさわしい展示メディアを選択していく必要がある。

先に示した「縄文時代のくらし」のモデルでは，「縄文の団欒」はシンボル展示としてふさわしいという観点から，原寸再現というダイナミックな手法を想定したが，「縄文の団欒」は模型やイラス

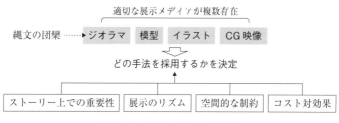

図4-10　展示メディアの選定

ト，さらにはCG等でも表現することができる。どのようなメディア
を選定するかについては，展示ストーリー上の重要性や展示のリズ
ム，空間的な制約，さらに費用対効果等の視点から検討され，適切
なメディアが決定される（図4-10）。展示メディアについては，1.2.3
で概要を，2.1.1で一覧を示している。その区分にはさまざまな考え
方があり，時代とともに変化していくものであるが，ここでは，実物
展示，グラフィック，映像メディア，インタラクティブメディア，造
形メディア，装置メディアという区分でリスト化を試みた（図4-11）。

（2）展示解説の検討

　展示メディアの選定が進んだところで，改めて展示全体のストー
リーと合わせて展示解説のあり方も検討することを解説計画とい
う。その中心となるのがサインやパネルによる解説で，情報の階層
構造に応じて体系的に整備される。

　展示ゾーン，展示コーナー，展示アイテムの展示意図を解説する
パネルは，それぞれのレベルに合わせて，形状や表現の統一化がな
される。例えばゾーンの表示は，「表札」としての機能を重視して，
展示室内で目立つように天井からつるされたサイン。コーナーで
は，展示意図の解説が重要になることから，文字による解説。アイ

実物展示	展示方法			ケース展示
	・壁面展示	・直置展示 ・床面展示		・壁付ケース
	・ステージ(島)展示	・収納展示 ・空中展示		・独立ケース(ハイケース)
	・平置展示	・収蔵展示 ・飼育展示		・独立ケース(ローケース)
		・ハンズオン展示		
グラフィック	サイン	パネル		環境演出グラフィック
	・定点サイン	・解説パネル		・天井グラフィック
	・誘導サイン	・グラフィックパネル		・床面グラフィック
	・案内サイン	・内照式パネル		・切出しグラフィック
	・禁止サイン			
映像メディア	専用劇場	展示映像	複合展示映像	
	・大型映像	・一般展示映像	・複合演出シアター	
	・立体映像	・環境映像	・マジックビジョン	
	・双方向型映像	・特殊展示映像	・プロジェクションマッピング	
	・駆動体感映像	・映像素材		
インタラクティブメディア	パーソナル情報端末	携帯型情報端末	ICTによる参加体験展示	
	・映像ライブラリー	・専用端末		
	・所蔵資料情報検索	・市販端末	拡張現実	
	・セルフ学習システム	・来館者SNS利用	(Augmented Reality)	
造形メディア	レプリカ(複製) 模型		ジオラマ・パノラマ	教材遊具
	・地形模型 ・原理模型		・生態再現	・学習教材(エコ・キット等)
	演出造形物 ・復元模型 ・縮尺模型		・状況再現	・触察展示
	・シンボル造形 ・構造模型 ・原寸模型			・道具(ジャングルジム等)
	・メッセージ造形			
装置メディア	原理体験装置	体感型実験装置	駆動造形物	
	・実証実験	・宇宙体験	・人間型ロボット	
	・現象体験	・災害体験	・動物型ロボット	
	・原理の視覚化	・健康チェック	・からくり演出	

図4-11　さまざまな展示メディア

テムのレベルでは，モノや模型等につけられるものは小型のキャプションパネルとし，年表などグラフィックパネルそのものが展示アイテムとなっている場合には展開する情報の内容によって独自の形状や大きさで制作するなど，ある取り決めのもとに位置や形状が決定される（図4-12）。

　さらに詳細な情報提供については，配布式のスタディーシートを用意するなどの対応が考えられるが，近年では携帯型解説システムの利用が注目されている。

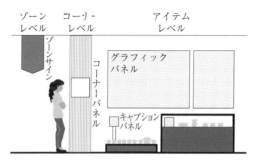

ゾーン　　　コーナ・　　　　アイテム
レベル　　　レベル　　　　　　レベル

ゾーンサイン

グラフィック
パネル

コーナーパネル

キャプション
パネル

図4-12　情報のヒエラルキーに応じたパネル等の設定

さて，展示解説を考えるうえで欠くことができないのが人による解説である。道具等の使い方の実演やギャラリートーク，デモ実験，さらに劇場型展示の進行等，人の肉声や動きによる情報提供が加わることによって，博物館の展示は，さらに魅力を高めることができる。その実施については，開館後の運営に委ねられるが，展示設計の段階から実現の可能性を考慮する必要がある。これもまた展示シナリオ作成における重要な要素のひとつといえるだろう。

4.4　企画展示をつくる

常設展示の部分改装を頻繁に行う館では，学芸員は，数年に一度，展示づくりのチャンスに恵まれることがある。けれども部分改装がほとんどない館が，常設展示を全面的にリニューアルするのは20〜25年に一度くらいの頻度であり，こうした館で学芸員が常設展示の計画に関わるのは，一生に一度という場合もある。

それに対して企画展示は，まさに学芸員の中心的業務のひとつといえよう。

そこで「博物館の展示をつく
る」と題した4章を締めくくるこ
の節では，ある企画展を題材に，
その企画から完成までの過程をた
どってみたい。

取り上げるのは「震災からよみ
がえった東北の文化財展」（図4-
13）である。この企画展は，東日
本大震災の被災からレスキューさ
れた文化財等を一堂に集めて公開
し，地域社会における文化財の大
切さを再確認することをねらいと
して開催された。

図4-13 「震災からよみがえった
東北の文化財展」チラシ

展示づくり事例としてこの企画展を取り上げたのは，震災後のま
もない時期に被災というデリケートなテーマに正面から取り組んだ
企画展を題材に，展示のストーリーづくりの舞台裏を物語りたいた
めである。また会場となった都立中央図書館の展示スペースは，個
性的ながらも多目的に利用できる空間であり，ハイケース等，備え
付けの什器や備品に企画内容が左右されがちな博物館の企画展示室
とは異なる自由度の高い展示構成ができた。そのため，展示シナリ
オが展示として完成するまでの過程をわかりやすく解説する具体例
として，ふさわしいものと考えられる。

筆者は実行委員会のメンバーとして，この企画展の計画・実施に
参加した。震災から10年が経過するなかで，改めて発災の直後か
ら取り組まれた文化財レスキュー活動と，その当時，汗を流して活
躍した博物館関係者の記憶を後世に残していきたいとの思いをもっ

ている。この企画展は，文化財レスキューの主体を担った学芸員とのコラボレーションで完成させることができたが，展示ディレクターとして学芸員の意図や考え方を来館者へのアピール力をもつ展示として，どのように具体化したのかという視点から当時を振り返ってみたい。

4.4.1　「震災からよみがえった東北の文化財展」の概要

2011（平成23）年3月11日の東日本大震災では，地震や津波により貴重な文化財が失われた。その被害から文化財を守るための文化財レスキュー活動がいち早く展開され，全国から集った博物館関係者の尽力によって多くの文化財が難を逃れた。「震災からよみがえった東北の文化財展」は，発災後1年を契機に，レスキューされた文化財等を一堂に集めて，集客力や情報発信力の高い東京で公開することによって，被災地への支援を呼びかけ，被災された人びとを勇気づけるとともに，改めて地域社会における文化財の大切さや象徴性を再確認していくことをねらいとして計画，実施された。その概要は，以下のとおりである。

「震災からよみがえった東北の文化財展」

日時：平成24年2月26日（日）〜3月11日（日）10：00〜17：30
場所：都立中央図書館（4階多目的ホールおよび企画展示室）
主催：「震災からよみがえった東北の文化財展」実行委員会
　　　遠野市〔遠野文化研究センター・遠野市立博物館〕，陸前高田市，
　　　大船渡市，釜石市，大槌町，山田町，宮古市，東京都立中央図書館，
　　　日本ミュージアム・マネージメント学会，NPO法人日本子守唄協会
会場構成：展示室A（多目的ホール），展示室B（企画展示室），情報コー
　　　　　ナー

■展示室A（多目的ホール）未曾有の震災を乗り越えて

　震災後1年が経ち，その記憶の風化が懸念されるなかで，震災当日を想起させるような展示から，2011年3月11日に，あらためて思いを馳せるとともに，津波という災ももたらせば，恵ももたらす豊かな三陸の海と，海とともに力強く生きる人びとの力強い姿を描いた。

　千年に一度ともいわれる大津波の被害に直面するなかで，文化財を救い出すために尽力してきた三陸沿岸の人びとの姿を，救い出された文化財とともに紹介した。気仙沼をスタートに，陸前高田，大船渡，釜石，山田，宮古，久慈など，被災地で展開された文化財レスキュー活動の様子を明らかにした。また，被災した人びとの心のよりどころとなる民俗芸能の復興も取り上げた。

■展示室B（企画展示室）　モノを残し，記憶を伝えるために

　地震国であり海に囲まれた日本にとって，津波は，宿命的な自然現象であり，三陸沿岸では，明治29(1896)年や昭和8(1933)年にも津波の被害を受けている。その記録を紹介しながら，被災を後世に伝えていくことの大切さを考えるきっかけとした。

　文化財レスキューを紹介する展示では，記録資料，埋蔵文化財，動植物標本，剥製など，資料ごとの特性に応じた取り組みを紹介した。被災した現場を離れ，安全な保管場所での保存処理により，文化財が救われていく様子を伝えた。

　展示の終わりでは，会場である都立中央図書館の資料補修の取り組みを紹介するなど，文化財を守る活動のさまざまな側面を取り上げた。

■情報コーナー（廊下を利用して設定）

　今回の展覧会に先だって寄せられた文化財レスキューの人びとへの応援のメッセージを紹介した。また三陸関係の出版物や震災直後の新聞等が閲覧できるスペースを設けた。

4.4.2　企画の経緯

実行委員会の筆頭が，遠野市〔遠野文化研究センター[10]・遠野市

立博物館〕とあるように，この企画展には，遠野市が主体的に関わっている。津波で，特に大きな被害を受けた大槌町，釜石市，大船渡市，陸前高田市，山田町，宮古市等と遠野市は，車で1時間〜1時間半程度の距離である。三陸沿岸と遠野は，歴史的・文化的に深いつながりをもっているが，博物館においても日ごろから学芸員間の交流が盛んであり，遠野市立博物館は，震災直後から遠野文化研究センターとともに，被災した文化財を回収して応急処置を施す「文化財レスキュー」活動に取り組んだ。

（1）遠野市立博物館，夏季テーマ展の開催

　そして，その取り組みと成果をいち早く市民に紹介するための企画展を，夏季テーマ展として開催した。

　それが「文化財を救え！ 東日本大震災と文化財レスキュー展」[11]で2011(平成23)年7月22日（金）から9月29日（木）まで開催された。

　震災から半年もたたない7月に，津波の被害こそ無いものの被災地のひとつである遠野で，こうした企画展が開催された背景には，その当時，遠野が被災ボランティアの後方支援の拠点であり，毎日，遠野から被災地に人びとが赴いていたという状況がある。瓦礫と一緒に，文化財が捨てられてしまうこと避けるために，被災者や災害ボランティアの方々に，「文化財レスキュー」という活動があることを周知することがねらい[12]であった。また，文化財の価値を知っていても，泥まみれであったり，壊れているので諦めかけている人びとに対して，ひょっとして「文化財レスキュー」で救える可能性があることを伝えるというねらいもあった。

(2) 震災1年後の企画展として

　さて，この遠野市立博物館の企画展がきっかけとなって，震災後1年となる2012(平成24)年3月11日前後の時期に「文化財レスキュー」によって救いだされた東北の文化財を一堂に集めて，東京で企画展を開催する計画が持ち上がった。遠野市〔遠野文化研究センター・遠野市立博物館〕を中心に，三陸沿岸の自治体や日本ミュージアム・マネージメント学会で実行委員会が組織され，文化庁の補助金も受けることができた。

　当初の企画案は，「100の物語展」というサブタイトルを掲げ，津波や地震で壊れながらも修復された文化財を，震災復興のシンボルとして東北沿岸の各地から100点程度，集めて展示するとともに，モノにまつわるエピソードを紹介し，震災に立ち向かう人びとの思いや努力，英知を顕彰するというものであった（表4-1）。実際には，100という言葉に込められた多くの文化財を集めるという考え方を活かしつつも，岩手県の三陸沿岸を中心とした各地からの実物資料・映像資料が，80点程度。それに，運搬が難しい大型資料や背景情報の写真紹介等を加えて，100点以上という規模となった。

(3) 会場は，都立中央図書館

　また，計画策定で苦労したのが会場選びである。当初は，情報発信力の高さという観点から，東京に立地し日本を代表するような国公立博物館を候補に考えていたが，どの館も特別展・企画展等のスケジュールがすでにあり，復興支援といえども，半年後の企画展を受け入れてもらうことは叶わなかった。

　そんななかで浮上してきたのが都立中央図書館である。同館に

表4-1　100の物語展　企画リスト（抜粋）

NO	エピソード	展示資料	展示方法	所蔵者
1	その日，その時間を刻む	3月11日で止まった時計（2点）	実物	遠野市立博物館
2	民間の文化財を是非，博物館へ	日下文書	実物	遠野市立博物館
3	こうして守る——文書修復作業中——	昭和8年「昭和三陸津波関係書類綴」	実物	大槌町立図書館
4	踊りが蘇る日を夢見て	釜石の虎舞頭	実物	所蔵者捜索中
5	文化財レスキューのルーツ	明治三陸地震関係資料	実物，写真	遠野市立博物館
6	子ども達もレスキュー隊	レスキューされた土器片	実物	陸前高田市教育委員会
7	昭和の浮世絵をめざした学芸員	ラジオ体操レコード，少年マガジン	実物	陸前高田市立博物館
8	泥の中から救出	オオムラサキ標本	実物	陸前高田市立博物館
9	ただひとつ残った高田人形	高田人形＆高田人形破片	実物	陸前高田市立博物館
10	県博学芸トリオが，執念で発見！	人面付き石棒「せき坊」	実物	陸前高田市立博物館
11	半分だけ海へ	世界最大のオオシャコガイ	実物	陸前高田市立海と貝のM
12	被災現場に残されたメモ書き	文化財を持ち去らないでください	写真	遠野市立博物館
13	海へ帰らなかったツッチー	つち鯨の剥製	写真	陸前高田市立海と貝のM
14	奇跡の一本松	高田松原の松	写真	陸前高田市立海と貝のM
15	アッ，これは博物館の資料だ！	資料タグと学芸員写真	実物，写真	陸前高田市立博物館
16	私たちの文書は，私たちの手で	吉田家文書	未定	陸前高田市立図書館
17	貴重な標本は残った！	標識標本	未定	陸前高田市立海と貝のM
18	感謝！自衛隊も文化財を守る	現場整理風景	写真	陸前高田市立博物館
19	砂の中から骨角器を探す	骨角器	実物，写真	陸前高田市立博物館

は，企画展示室があり，展示活動も行われているが，企画展を基幹事業のひとつとしている博物館・美術館のように頻度は高くない。そして幸いなことに2012年3月11日（震災から1周年）の時期には，予定がなく「震災からよみがえった東北の文化財展」を受け入れてもらうことができた。

　文化財レスキュー活動は，博物館資料にとどまらず，図書や行政文書も対象としている。遠野市立博物館では，大槌町立図書館や釜石市役所の公文書レスキューにも取り組んでおり，図書館がこの企画展の会場となることは，MLA連携[13]の大切さを考えるうえでも象徴的といえよう。都立中央図書館は，日本を代表する図書館のひとつであり，文化財等への理解をもつ多くの知識人・文化人が利用している。この館が会場となることで，こうした人びとに被災地の文化財の実状と関係者の努力をアピールすることができる。さらに同館が立地する広尾は，外国人居住者も多く，ひいては日本の文化財レスキュー活動を世界へ発信するきっかけとなる可能性もある。

　会場が決まることで，会場館も含めた実行委員会組織（図4-14）が固まり，文化庁補助事業「ミュージアム活性化事業」[14]を財源に，この企画展を準備・推進する体制が整った。

（4）調査・収集活動の本格化

　企画案を具体化するためには，展示の候補となる文化財の被災状況，現在の修復状況，救出にあたってのエピソード，保管の状況，企画展の可能性等の詳細な情報収集が必要である。それには，被災地との地域密着で作業を進める必要がある。遠野市立博物館の学芸員は，企画検討時から，こうした活動に取り組んできたが，実行委員会の正式発足を機に，さらにそれを本格化させた。

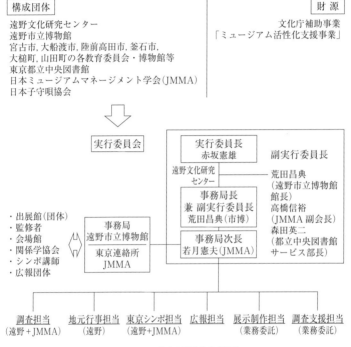

図4-14　実行委員会組織図

　そして，2011年の年末に，「震災からよみがえった東北の文化財
展」の基本となる展示資料リストが完成した（表4-2）。リストに
は，学芸員が伝えたいと考えるエピソードと出品する展示資料（実
物・写真），それを所蔵する博物館等がまとめられている。その作
成にあたっては，被災地の各館や修復中・修復後の文化財を一時保
管している博物館等との調整が必要であり，遠野市立博物館の学芸

表4-2　企画展の基本となった展示資料リスト（抜粋）

No.	エピソード	資料No.	資料名	点数	所蔵者
1	大船渡市立博物館の被害とレスキュー　古代から海と暮らしてきたまち大船渡	1	深鉢縄文土器（長谷堂貝塚）	1	大船渡市立博物館
		2	深鉢縄文土器（富沢貝塚）	1	
		3	壺（縄文土器）（長谷堂貝塚）	1	
		4	浅鉢（縄文土器）（長谷堂貝塚）	1	
		5	大船渡市内の遺跡写真		
		6	宮野貝塚標本箱	1	
2	大船渡市文化財収蔵庫の被害とレスキュー　付け札は語る──これは博物館資料だ！──	7	担ぎ棒	1	
		8	綾里小学校収蔵庫の被害（写真データ）	1	
3	震災で発見された資料　津波で倉庫が流された代わりに使う高台の倉庫を整理したら文化財が出てきた	9	巻き網	1	
4	震災でよみがえった津波石　思い出せ津波の恐ろしさ…　再び現れた津波石	10	再び現れた昭和8年津波石（写真データ）	1	遠野市立博物館
5	ふるさとの宝は失われていない　資料を持ち去らないで！	11	陸前高田市立博物館の被害写真	1	
		12	「資料を持ち去らないで！」メモ写真	1	
6	学芸員の地道な仕事が文化財を救った　注記が書かれている　これは貴重なものだ！！	13	陸前高田市埋蔵文化財収蔵レスキュー写真	1	
		14	レスキューされた注記のある土器片	1袋	陸前高田市教育委員会
7	子ども達のレスキュー体験	15	高田小学生の文化財レスキュー体験写真	1	
		16	遠野市内中学生の文化財レスキュー体験	1	
8	陸前高田市図書館の支援　一般の図書は買い直すことができるが郷土資料はここにしかない。山形史料ネットワークは動いた。	17	陸前高田市立図書館の被害とレスキュー	1	遠野市立博物館
		18	被災した本にはえたカビ写真	1	

員が奔走した賜物である。

4.4.3　展示構成（展示ストーリー）の検討

　出品する資料やエピソードがおおむね固まったところで，展示づくりは次の段階に入った。展示会場という3次元空間の中で実物資料（モノ）や情報が構成されて，はじめて展示は完成するのだが，そのために必要となるのが展示ストーリーである。

　その作成は，空間条件の把握，すなわち展示会場の特性を知ることからスタートする。会場となる都立中央図書館の企画展示室は4階にあるが，同じフロアーには多目的ホールもあり，諸般の調整を経て，この両室を展示スペースとして借用することとなった。

　多目的ホールは，天井高が5mを超える大空間（写真4-1）で，天井からの吊るし展示を行うことができる。プロジェクター等が置ける映写室もあり，大型映像も導入できるなど，空間特性を活かしたダイナミックな空間構成が可能である。その一方で出入口は狭く，これを展示演出として，どう活用するかが課題となった。

　もうひとつの企画展示室は，図書閲覧室等と同様の天井高のスペース（写真4-2）で，空間的にはオーソドックスであるが，廊下と広い開口部でつながっているなど，開放的な空間としての魅力をもっている。

　このまったく性質の異なる2つの展示スペースを活かした展示を実現するため，学芸員が作成した展示資料リストで示されたエピソードの内容を分析，グルーピング化し，「未曾有の震災を乗り越えて」と「モノを残し，記憶を伝えるために」という2つのテーマで構成される展示ストーリーを検討した（図4-15）。

　このように空間に合わせてストーリーを組み立てていくという作

写真4-1　都立中央図書館多目的　写真4-2　都立中央図書館企画展
　　　　　ホール　　　　　　　　　　　　　　 示室

業こそが，展示における情報伝達の真髄である。ライターの書いた
原稿が編集作業を経て図書や雑誌として完成するように，学芸員の
書いたシナリオを3次元空間に合わせて組み立てていくのが，展示
のストーリーづくりといえるだろう。

　2つの展示室では，次のようにストーリーをまとめた。

（1）未曾有の震災を乗り越えて

　多目的ホールは，「未曾有の震災を乗り越えて」というテーマを
物語る展示室Aとした。千年に一度ともいわれる大津波の被害に直
面するなかで，文化財を救い出すために尽力してきた三陸沿岸の人
びとの姿を，気仙沼，陸前高田，大船渡，釜石，山田，宮古，久慈
などの各地をたどりながら紹介し，海とともに力強く生きる人びと
の姿を描くことをめざして，次の各コーナーを設けた。

■瓦礫の中のメッセージ　　　津波に呑み込まれ瓦礫と化した陸前高
田市博物館の室内に，ノートの切れ端のようなメモ書きが残されて
おり，そこには「博物館資料を持ち去らないでください。高田の自
然・歴史・文化を復元する大切な宝です……」と書かれていた。誰

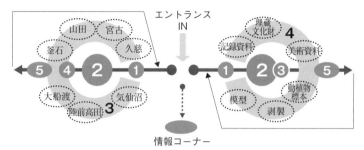

展示室 A：多目的ホール
未曾有の震災を乗り越えて

展示室 B：企画展示室
モノを残し，記憶を伝えるために

1. 瓦礫の中のメッセージ
2. 2011 年 3 月 11 日，あの日を忘れない
3. 文化財を守れ！被災に立向かった人びと
【エピソード展示】
気仙沼／陸前高田／大船渡／釜石／
山田／宮古／久慈
4. 民俗芸能は心のよりどころ
5. 海とともに生きる

1. 復興した三陸のまち
2. 震災の記録を伝える
3. 津波を語り継ぐ
4. 文化財を救う，さまざまな取組み
【エピソード展示】
記録資料／埋蔵文化財／美術資料／
動植物標本／剥製／模型
5. 資料補修の技術
　　　　　　　　―都立中央図書館―

図 4-15　「震災からよみがえった東北の文化財展」展示構成

が書いたのかはわからないのだが，遠野市立博物館の学芸員[15] は，それを見たときに，亡くなった博物館職員の声のように感じ，その言葉を胸に，文化財レスキュー活動に精力的に取り組んだという。

　このエピソードを企画展全体のスタートとして位置づけた。当初は，学芸員が見た光景を立体的に再現したいと考えた。しかしながら考証にあたっての資料は，写真 1 枚しかなく，空間的にもコスト的にも難しいため，記録として残された貴重な写真をメッセージとともに，被災状況を示す写真と組み合わせて提示するという方法を採用した（写真 4-3）。

　展示室 A の狭い通路を震災時へタイムスリップする異次元空間へ

の入口として見立てるとともに，入った正面にこの展示を設けることによってすべての来館者がこの展示を目にするよう工夫した。

■2011年3月11日，あの日を忘れない　　振り返ると，高い天井の空間が広がり，そこには津波の様子を刻々と映し出しだす大型映像[16]がある。震災後1年が経ち，その記憶の風化が懸念されるなかで，震災当日を想起させるような展示をめざした（写真4-4）。大型映像の下には，震災を伝える新聞記事[17]や津波が襲ったであろう時間で止まった時計を展示し，2011年3月11日の当日に，あらためて思いを馳せることができるよう努めた。

■文化財を守れ！　被災に立向かった人びと　「エピソード展示」
千年に一度ともいわれる大津波の被害に直面するなかで，文化財を救い出すために尽力してきた三陸沿岸の人びとの姿を，救い出された文化財とともに紹介した。

　ここでの展示は，文化財レスキューにまつわるエピソードと救出された文化財の実物資料や写真をセットにして，1話完結型の物語としてまとめた「エピソード展示」を考案した。コーナーとして1カ所にまとめるのではなく，展示室の全体に点在させる方式とし，

写真4-3　瓦礫の中のメッセージ　　写真4-4　2011年3月11日，あの日を忘れない

気仙沼をスタートに，陸前高田，大船渡，釜石，山田，宮古，久慈と三陸沿岸を南から北へとまわるような構成とした（写真4-5）。

■民俗芸能は心のよりどころ　　三陸沿岸では，虎舞などの民俗芸能が盛んであることからその復興へのさまざまな取り組みを，1つのコーナーにまとめて紹介することにした。そのシンボルとして採用したのが虎舞の頭である（写真4-6）。この虎頭は，6月に釜石の瓦礫の中から，遠野市の職員によって発見され，7月に遠野市立博物館で開催された「文化財を救え！　東日本大震災と文化財レスキュー展」で展示したところ持ち主が現われ，只越虎舞の双子の虎[18]の「次郎」であることが判明した。本来，虎頭は，精悍な顔をしているのだが，「次郎」は，ひょうきんな顔つきとなっている。これは片側がつぶれているためであり，親しみやすさの陰で，津波の被災を物語る資料となっている。

■海とともに生きる　　展示室Aの最後のコーナーでは，津波の被害を受けながらも，再生しつつある海中の様子を写真と動画で紹介した。「海とともに生きる」という筆書きの文字で，津波という災ももたらせば，恵ももたらす豊かな三陸の海とともに力強く生きる

写真4-5　展示室内に点在するエ
　　　　ピソード展示

写真4-6　虎舞の頭

人びとの姿を象徴し，展示の結びとした（写真4-7）。

（2）モノを残し，記憶を伝えるために

　企画展示室は，「モノを残し，記憶を伝えるために」というテーマを物語る展示室Bとした。津波の記憶を後世に伝えていく"記録"の大切さと，文化財という"モノ"を救っていく取り組みを，記録資料，埋蔵文化財，動植物標本，剥製などの分野別に紹介し，文化財レスキュー活動の広がりを伝えることをめざした。ここでは，次の各コーナーを設けた。

■復興した三陸のまち　　入口には，被災地の復興への願いを込めて，昭和8（1933）年の津波で壊滅した釜石市が，4年後には見事に復興したことを表す鳥瞰図[19]を拡大展示した。展示ストーリー的には，展示室Bの導入展示という位置づけであるのだが，出入口が1つであることから，学芸員によるギャラリートークでは，復興への願いを語りながら最後を締めくくるエピローグとして活用された（写真4-8）。

■震災の記録を伝える　　三陸地方は，明治29（1896）年，昭和8（1933）年にも大きな津波に襲われているが，当時の記録が残されて

写真4-7　海とともに生きる　　　写真4-8　復興した三陸のまち

いることで，その様子を知ることができる。明治29年の三陸津波
を調査した山奈宗真[20]の業績や市民が撮影した今回の津波の記録映
像[21]等から，災害の記憶を後世に伝えていくことの大切さを訴え
た。

■**津波を語り継ぐ**　　記憶を伝える方法として注目した，もうひと
つの方法が伝承である。明治三陸津波で妻子も家も失くした男の1
年後の心の葛藤ともいうべき話が，『遠野物語』99話として残され
ている。沿岸部ではなく，内陸の遠野で，津波の記憶が語り継がれ
ていることは大変に興味深く，遠野の人びとが被災地に心を寄せて
生きてきたことを伝える証となっている。展示では，この『遠野物
語』99話を紙芝居風の朗読シアターで紹介した。ナレーションも
"語り"を感じさせるように配慮した（写真4-9）。

■**文化財を救う，さまざまな取り組み――エピソード展示**　　"記
録"と"語り"を伝える延長上に，"モノ"を伝えていく文化財レス
キューがあるという遠野市立博物館の学芸員の考え方を活かすた
め，「震災の記録を伝える」「津波を語り継ぐ」のコーナーを部屋の
中央部に設けるとともに，周囲で"モノ"を救う文化財レスキュー
活動を物語るエピソード展示を実施した。

　展示室Bは，天井が低いため，エピソード展示は整然と並べる構
成とした（写真4-10）。

　内容的には，古文書，図書や史料，行政文書，埋蔵文化財，仏像
や美術品，模型，自然系の標本では，化石や貝，昆虫や動植物，剥
製など，資料の分野別に紹介し，資料それぞれの特性に応じたさま
ざまな取り組みにより文化財が救われていく様子を伝えた。

■**資料補修の技術――都立中央図書館**　　この企画展の会場館であ
る都立中央図書館では，日本を代表する図書館として図書資料の修

写真4-9　津波を語り継ぐ　　写真4-10　整然と並べたエピソード展示

復にも取り組んでいる。その資料保全技術を紹介した。貴重な資料を後世に伝えるという意味では，文化財レスキュー活動とも通じるところがある。

4.4.4　展示の工夫点

　以上，述べてきた展示ストーリーを基本に「震災からよみがえった東北の文化財展」は，制作されたが，パネルや什器等の製作にあたっては，企画展の終了後，別の展示場所で利用できる仕様とすることが求められた。被災地の博物館からの借用資料に合わせて作成したケース等をその博物館に寄贈すれば，被災により建物は休館していても，別の場所でいち早く資料を公開する手助けになるのではないかという遠野市立博物館の学芸員の考えによるものである。

（1）エピソード展示

　こうしたどこへでも移動可能という仕様を満たすとともに，1話完結型の展示として制作されたのがエピソード展示で，この企画展の特色となっている。

　通常の解説パネルは，タイトルと解説文（150〜200字程度）で成り立っているが，ある程度，文章を読まないと内容が理解できない。震災という重いテーマを扱う展示で，来館者に長い文章を読んでもらうのは辛いと考えた。そこで，タイトルと数行のメッセージコピーを読むだけで，展示資料にまつわるエピソードが理解できるように工夫した。

　それに加えて，詳細解説やメッセージコピーを訳した英文解説，ハンドアウトの資料リスト等との照合のための展示番号をワンセットにして製作した（図4-16）。

　この解説システムに，資料の展示ケースや写真パネル，あるいはその双方を組み合わせることで，展示が完成する方式である。次のようなエピソード展示を製作した。

　A01　流された古民家，博物館で復活
　A02　ただひとつ残った高田人形
　A03　学芸員の遺志を受継ぐために
　A04　ガレキと資料を分けるもの
　A05　アイドル資料，遂に発見！
　A06　鳥羽源蔵生家のレスキュー
　A07　ありがとう一本松
　A08　半分は海へ
　A09　津波がきっかけで文化財を発見
　A10　再び現れた津波石
　A11　戦災と震災，二度被災した資料
　A12　閉館中でも開館
　A13　レスキューは職員自らの手で
　A14　無事だったマッコウクジラ
　A15　開館をつづけた科学館

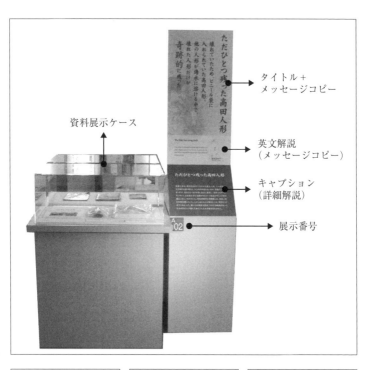

タイトル＋
メッセージコピー

資料展示ケース

英文解説
（メッセージコピー）

キャプション
（詳細解説）

展示番号

ただひとつ残った高田人形

壊れていたため、ビニール袋に
入れられていた高田人形。
他の人形が海水に溶ける中で、
壊れた人形だけが
奇跡的に残った。

学芸員の遺志を
受継ぐために

マンガは昭和の浮世絵──。
それは亡き学芸員の口ぐせだった。
職務に忠実だった学芸員への思いが、
文化財レスキューを動かした。

瓦礫と資料を分けるもの

アッ、タグがついている。
この漁具は博物館の資料だ。
今は亡き博物館職員の地道な
日常業務が、文化財を救った。

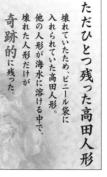

ただひとつ残った高田人形

壊れていたため、ビニール袋に
入れられていた高田人形。
他の人形が海水に溶ける中で、
壊れた人形だけが
奇跡的に残った。

図4-16　エピソード展示

A16　復活！まちなか水族館

B01　明治の三陸津波を見た男

B02　残った昭和三陸津波の記録

B03　後世に伝えたい津波の記憶

B04　古民家吉田家住宅レスキュー

B05　岩手県最初の文化財レスキュー

B06　大槌町立図書館のレスキュー

B07　遠野へ里帰りした文化財

B08　行政文書を守れ

B09　子ども達も文化財レスキュー

B10　執念の発見と保存科学

B11　仏像のレスキュー

B12　美術館レスキュー

B13　復元を待つオランダ船模型

B14　集まった地質学の仲間たち

B15　貝類標本レスキュー

B16　昆虫標本，動植物標本のレスキュー

B17　つっちい救出大作戦

B18　修復されたアカショウビン

（2）人の息吹を感じさせる演出

　展示室A「未曾有の震災を乗り越えて」では，文化財レスキューに尽力した人びとをはじめ，被災を乗り越えて力強く生きる人びとの姿を描きたいと考えた。展示の中でエピソードとして語られる物語に加えて，人の息吹を感じることができるような展示演出を行った。

■空中大型バナー　　被災現場のレスキュー作業では，瓦礫の除去等に協力をいただいた自衛隊等の活躍もあったという。こうした人

写真4-11　空中大型バナー　　　写真4-12　人型切出しパネル

びとからの支援を顕彰するために，多目的ホールの高い天井を活か
してバナー展示を行った。展示室全体から望める位置に設けること
で，文化財レスキューの陰には，さまざまな人びとからの支援が
あったことを象徴する展示とした（写真4-11）。

■**人型切出しパネル**　　被災地の博物館関係者の声を，その姿とと
もに展示室に持ち込み，臨場感を高める演出を試みた。被災地で活
躍されている3人[22]の等身大切出しパネルを作成し，寄せられた
メッセージと合わせて展示した（写真4-12）。

（3）福島の現状を伝えるために

　展示室Bでは，展示全体の締めくくりとして文化財レスキュー活
動を紹介する展示を設けた。文化庁の取り組みや岩手，宮城，福島
各県の対応を紹介するグラフィックパネルを設けたが，その当時，
原発事故に苦しみ，組織的な文化財レスキューが始められないとい
う福島県の状況をどう表現するかについての検討を重ねた。

　資料が何も入っていないケースを展示することで実情を象徴的に
物語るという案もあったが，最終的には，関係者からのメッセージ

を展示することにした。そこには，"放射線下の文化財を見捨てないでください"と書かれていた（写真 4 -13）。

「震災からよみがえった東北の文化財展」では，遠野市立博物館のつながりをベースに展示を企画したことから三陸沿岸の話題が中心となったが，津波だけではなく原発事故による放射線の影響など，文化財被害の多様性にも触れることができた。

4.4.5　巡回展としての展開

都立中央図書館を会場とした「震災からよみがえった東北の文化財展」は，2012 年 3 月 11 日に無事終了し，展示はすぐに撤去，梱包されて遠野へと運ばれていった。文化庁の補助事業への申請は，遠野市立博物館での報告展示会も合わせて行うことになっており，遠野市立博物館を会場に，東京での企画を圧縮した展示会が開催された（写真 4 -14）。

「震災からよみがえった東北の文化財展」（遠野）
日時：平成 24 年 3 月 16 日（金）〜 3 月 28 日（水）
会場：遠野市立博物館企画展示室

規模が小さい企画展示室で，できるだけ多くの展示を行うため，廊下も使った展示構成とし，備え付けのハイケースなども活用した。結果的には，狭いながらも東京展の 9 割近くの展示を実施できた。

平成 23 年度の事業はこれで終了したが，この遠野での企画展の成功によって，「震災からよみがえった東北の文化財展」は，巡回展としても利用できることが実証された。

写真4-13　福島の関係者から寄せられたメッセージ

写真4-14　遠野市立博物館企画展示室

　2012(平成24)年度になると，その巡回展の話が浮上した。展示した実物資料は，被災地の博物館から借用したものも多く，東京と同様とすることは難しいが，展示パネルや映像，什器等の展示制作物

は，東京から遠野への移動を考えて作られていたため，100％ではないが，巡回展でもそのまま利用できる可能性がある。そこで，終了した企画展をベースに，常時，展示することが可能な資料を中心としたリメイクをはかり，巡回可能な展示パッケージとして完成させることが検討された。幸いにも継続して文化庁からの補助金を得ることができ，巡回展として「平成24年度　震災からよみがえった東北の文化財展」が実現することになった。巡回展は，次の3会場で実施された。

静岡展
日時：平成24年10月26日（金）〜11月12日（月）
会場：静岡県庁別館21階　展望ロビー（東側）

大府展
日時：平成24年11月15日（木）〜12月5日（水）
会場：大府市横根公民館　ホール

神戸展
日時：平成24年12月11日（火）〜平成25年1月27日（日）
会場：阪神・淡路大震災記念　人と防災未来センター東館3階

　なかでも，人と防災未来センターで開催された「神戸展」（写真4-15）は，規模的に東京での企画展に匹敵するものであり，会場となった展示スペースは，天井も高く，最初に開催された東京展を彷彿とさせるものであった。
　阪神・淡路大震災をきっかけに建設された人と防災未来センター

写真4-15　阪神・淡路大震災記念　人と防災未来セン
　　　　　ター東館3階

は，関西，ひいては日本全国の防災情報の発信拠点であり，そこを
会場に企画展を開催できたことは，大変に意義深いと考える。そし
て，展示制作から1年が経過し，被災した文化財を取り巻く状況も
変化してきたことから，「震災からよみがえった東北の文化財展」
は神戸展をもって終了となった。

　その後，製作した展示什器等を，資料を借用した被災地の博物館
へ提供し活用していただくという遠野市立博物館の学芸員の願いは
一部で実現し，「震災からよみがえった東北の文化財展」の成果は，
今も被災地の博物館の一角で息づいている。

引用参考文献・注 ————————————————————

　1：展覧会における美術品損害の補償に関する法律。優れた美術品をより多
　　くの国民が鑑賞できるよう，展示美術品の損害を政府が補償するもので，

文化庁により平成 23 年度より実施されている。

2：国宝や重要文化財などが文化財の保存上，適切な施設で公開されること
　　を促進するために，1996(平成 8)年に設けられた制度。国宝・重要文化財
　　の所有者以外の者が，当該文化財を公開しようとする場合，文化庁長官の
　　許可が必要であるが，文化財の公開に適した施設として，あらかじめ文化
　　庁長官の承認を受けている場合は，公開後の届出で良い。

3：コンペでは作品性が問われるが，パートナー選びのプロポーザルでは，
　　企画提案に加えて業務実績，業務の推進体制，総括責任者や担当技術者の
　　経歴・業務実績，工程計画等が問われる。

4：国宝・重要文化財クラスの展示では，実物資料の公開は一定期間とし，
　　残りの期間はレプリカや別の資料展示で対応することもあり，頻繁な展示
　　替えが必要となる。

5：国際博物館会議（International Council of Museums：ICOM）には，
　　ICMEMO 公共に対する犯罪犠牲者追悼のための記念博物館国際委員会
　　(International Committee of Memorial Museums in Remembrance of the
　　Victims of Public Crimes) という国際委員会がつくられている。戦争など
　　「負の体験」の記憶継承が博物館にとって世界的な課題のひとつであること
　　を物語っている。

6：日本政府の発表や宣言等では，日中戦争，太平洋戦争，アジア太平洋戦
　　争などの「戦争名」ではなく，先の大戦というあいまいな言葉が使われる。
　　このこと自体が，戦争を語ることの難しさを物語っている。

7：壕に避難した住民に銃を向ける兵士のジオラマなど。この展示をめぐっ
　　ては県による改ざん問題等も発生し，時のマスコミを賑わせた。

8：爆心地の近くで被爆した主婦・女子学生・幼児の 3 人が逃げ惑う様子を
　　表現したジオラマ。撤去が発表されると多くの市民から「原爆の恐ろしさ
　　を伝えるために必要」と反対意見が寄せられた。この人形は二代目だが，
　　初代人形の設置当時（1973 年）には「想像力を遮断して誤った固定観念を
　　つくる危険」を指摘する声もあった。

9：本書のために筆者がつくったもので実在する展示ではない。

10：『遠野物語』誕生百年を契機に遠野の歴史や文化や風土を包括的に研究し，
　　生業や観光の現場につなげていくことをめざして設立。2011(平成23)年 4
　　月 1 日に創設されたが，発足直前の 3 月に東日本大震災が発生。遠野は，
　　古くから三陸各地の町や村と関わりが深いことから，センターのはじまり
　　の仕事として，三陸文化の復興支援を位置づけた。

11：遠野市立博物館企画展示室にて開催。内容は，文化財レスキューとは，遠野に避難してきた文化財，陸前高田市での活動，学校教育と文化財レスキュー体験，岩手県の図書館・博物館の被害状況，大槌町での活動，釜石市での活動，山奈宗真と文化財。

12：遠野市立博物館は，この企画展の開催中，遠野市民，遠野市内に避難している被災者，遠野市内を拠点に活動している災害ボランティアの方々を入場無料とした。

13：有資料施設である博物館（Museum），図書館（Library），文書館（Archives）の間で行われる種々の連携・協力活動。

14：平成23年度　文化遺産を活かした観光振興・地域活性化事業　区分：ミュージアム活性化支援事業

15：遠野市立博物館学芸員・前川さおり氏。当時，学芸員のリーダーとして，この企画展の実現に尽力した。

16：津波の映像は，来館者への配慮から色彩を落としスピードを緩めるなどの処理を行い，生々しさを軽減して上映した。

17：外国人の来館者を意識し英字新聞も展示した。

18：虎舞は，太郎，次郎という二対の虎で舞われる。

19：1937（昭和12）年釜石市市制施行記念鳥瞰図。原画は宝樹木寺蔵。釜石を中心に三陸沿岸全体から遠野，東京まで描かれている。津波がきっかけで発見された。

20：遠野出身の実業家で県に願い出て被災地の三陸沿岸を調査。その記録が遠野市立図書館に残されている。

21：宮古市で撮影されたものを収集。岩手県立水産科学館蔵。

22：大船渡市立博物館館長・金野良一氏，陸前高田市海と貝のミュージアム兼陸前高田市立博物館主任学芸員・熊谷賢氏，岩手県水産科学館主査・梶山幸永氏。いずれも当時の所属・肩書。

5章

ICT の発達がもたらす博物館展示の変化

　今日の ICT の著しい発達は，博物館にも大きな変化をもたらした。この章では，博物館の展示におけるコンピュータ利用の変遷を概観するとともに，ICT 利用の展示メディアの現状について述べる。ICT 利用の展示メディアは，基本的には，モニターやプロジェクターに映し出される電子映像を体験するものであるが，インタラクティブであることやパーソナル利用であることなど，従来の映像という枠組みでは括りきれない新しいメディアとして発展している。こうしたメディアの登場は，モノと対峙するという行為にも変化をもたらしている。かつては実物第一主義であった美術館が，ICT の導入で作品鑑賞の可能性を大きく広げことを典型的な事例として取り上げながら，コミュニケーション・メディアとしての ICT の可能性を展望する。

　また ICT は，展示メディアとしての利用以外にも，博物館の展示に新しい波を起こす可能性をもっている。ビッグデータによる展示室での行動分析など，展示計画や運営面でのさまざまなイノベーションについて言及し，今後の可能性を展望したい。

5.1　コンピュータの発達と博物館展示

　世界で初めてのコンピュータは 1946 年に米国で開発された

ENIAC[1]といわれており，それは大砲の弾道軌道の計算を目的に開発されたものであった。その後，軍事や気象，科学技術研究，構造設計，統計等，国家の基幹を担う分野を中心に，コンピュータは，世の中に普及していった。

コンピュータの基本機能は，「演算」「記憶」「制御」である。かつては電子計算機ともいわれたように「演算」は，コンピュータの最も基本的な機能といえよう。今日でも富岳[2]などのスーパーコンピュータの動向が，科学技術の話題を賑わしている。「記憶」は，いわばデータベースの機能で，銀行のオンラインや鉄道の座席予約等で早くから日常生活を支えてきた。そして「制御」は，月旅行を果たしたアポロ宇宙船や世界初の高速鉄道である新幹線にもコンピュータが搭載されるなど，すでに1960年代には，当時の先端技術を支えるまでに発展していた。

展示におけるコンピュータ利用の始まりは，この「制御」の分野からといえよう。機械駆動の調整や照明演出などの自動制御で，コンピュータあるいはその要素技術であるマイクロプロセッサーや集積回路等が導入されたのが始まりと考えられる。

1970年の大阪万博ではさまざまな展示演出が注目を集めたが，その裏では，すでにコンピュータ技術が活躍していたのである。

5.1.1 インタラクティブな展示の登場

PCと略称されるパーソナルコンピュータは，個人で専有し利用するコンピュータで本体とモニター，キーボード，マウス等のデバイスが1つに組み合わさっている。PCの登場は，演算，制御，記憶というコンピュータの基本機能に加えて，コミュニケーション・メディアとしてのコンピュータ利用の可能性を広げた。1977年発

売の Apple Ⅱ³は，今日の PC の基本構成を満たしており，1979 年に登場した NEC PC-8001 は，初の国産 PC として注目を集めた。PC が登場した初期から，展示メディアのひとつとしての導入が進んだが，その典型が「パソコン Q&A」であった。

（1）はじまりは Q&A から

　パソコン Q&A は，コンピュータが出題するクイズに来館者が選択式で答えるというもので，例えば 20 問用意された問題の中から，ランダムに 5 問を選択して出題するというパーソナル対応の演出も行われていた。登場して間もないころの PC のグラフィックは素朴なものであったが，それでも新しい参加体験型展示のひとつとして，来館者，とりわけ子どもたちの人気を呼んだ。

　日本では 80 年代の初頭から科学館ブームが始まり，このパソコン Q&A は，科学館の展示手法として盛んに採用されて普及した。クイズ形式の展示は，出題内容を変えればどのようなテーマにも対応できることから，やがて歴史系など他の分野の博物館にも広がりをみせた。

　参加体験型展示は，体験者一人ひとりが，1 つの展示物を触ったり，操作したりすることが原則である。インタラクティブな展示とは，「独り占め」することができる展示と言っても過言ではない。こうした展示の典型として，PC を利用した展示は，進化・成長していった。

（2）メディアの統合

　展示における ICT は，技術や市販製品の性能に大きく左右される。1980 年代後半に登場した Macintosh は，個人ユーザーの使い

勝手を重視した設計思想で，グラフィックやイラストレーションなどのデザイン，音楽，映像など表現の分野で急速に普及した。1993年には，日本におけるインターネットの商用サービスが開始され，それまでは専門家や研究者に限られていたネットユーザーは，一般の個人にまで広がった。さらに1995年にはWindouws 95が登場し，PCは，インターネットのインターフェースとして，またビジネスや趣味を支える必需品として社会生活の中に浸透していった。

　このような情報革命が進展していくなかで，それまでは独自の技術で成り立っていた音響，静止画（写真），動画（映像）がアナログからデジタルへ進化するとともに，PCさえあれば制御できるメディアとして統合[4]されていった。この統合によって情報を表現伝達するメディアとしてのコンピュータの可能性は，格段に広がった。

（3）ICT による参加体験型展示の普及

　Q&A やゲーム等からスタートした PC を利用する展示は，コンピュータ学習等の発達とともにさまざまなソフトが登場し，またグラフィック表現のめざましい発達によって，そのグレードを高め，利用の幅を広げていった。市販の PC を使った展示に加えて，モニターを球形などの特殊なものにしたり，ハウジング・デザインを重視したりするなど，オリジナリティーを追及するものも多くみられるようになった。

（4）インターフェースの発達

　PC を利用する展示を考えるとき，PC 自体の性能はもちろんのこと，人間と PC とをつなげるインターフェース技術の発達も大き

なポイントとなる。

　PC の入力デバイスの代表的なものとして，キーボードやマウスが挙げられるが，展示で PC を利用し始めたころには，専用のテンキーやトラックボール等を使用するのが一般的であった。その場合，耐久性はあるものの操作性は限定されたものになる。しかしながら市販品の価格低下により，キーボードやマウスは消耗品となり，壊れたら取り替えるという運営の方がトータルのコストは安くなった。画面に直接触れて操作するタッチパネル方式も普及し，センサー感知で身体の動きを入力信号に変換したり，音声を認識したりするなどの技術も発達した結果，入力操作の自由度は格段に向上している（写真5-1）。

　一方の出力デバイスは，音響機器とモニターやプロジェクター等の表示機器であるが，それらは映像関連技術の発展に大きく依存している。ここ 30 年ほどの間に，映像はアナログからデジタルへと

写真5-1　アスタナ万博「Nur Alem」の ICT 利用の参加型展示
手を上げ下げするなど身体を動かすと，画像が反応する。

大きく変化し，プロジェクター等の普及により PC によるプレゼンテーションは一般的となった。繁華街には大型ビジョンが溢れ，道行く人びとの手には，タブレットやスマートフォンがある等，社会を取り巻くメディア環境は大きく変容をとげた。

　PC が登場した当時，画面比率 4：3 のブラウン管式でモノクロであったモニターは，今日では 16：9 の液晶パネルでカラー高輝度高精細が一般的となっている。技術的発展がもたらす，表現力の向上に支えられ，展示メディアとしての PC の可能性は，日増しに高まっている。

5.1.2　可能になった情報検索，情報公開

　1.3 では，通常の展示を「歩行型」としたうえで多人数を一堂に集めて一定時間拘束して情報提供を行う方式を「劇場型」，観客個々の興味に応じて多様な情報を引き出すことができる方式を「閲覧型」と定義した。閲覧は図書館における情報入手の基本形のひとつであるが，博物館において，この「閲覧型」を可能にしたのが，PC を利用した情報検索装置といえるだろう。

（1）詳細情報や関連情報の提供

　実物や模型，グラフィックパネル等による情報発信では，提示できる情報の量は，物理的なスペースに左右される。これに対して，PC 利用の情報検索装置では，限られたスペースの中に膨大な量の情報を集録することができる。詳細な情報提供や関連情報の提示などを行うことで展示室で提供できる情報量は，格段に多くなる。また，情報検索装置を 1 カ所にまとめることで，通常の「歩行型」の展示室とは異なる「閲覧型」のスペースを設けるケースも多い。

　このように情報検索装置は，博物館における情報発信を充実させていくうえで大きな福音となるのだが，一方で発信するべき情報の作成や整理・体系化，定期的な追加更新等，豊富なコンテンツを提供するための体制の整備が必要不可欠となる。

（2）収蔵品情報の検索公開

　博物館が有する情報のなかで，最も基本となるのがコレクション（収蔵品）に関する情報と言っても過言ではないだろう。収蔵品に関する情報は，今日では，収蔵品管理システム等のデータベースシステムで管理するのが通例となっている。

　所蔵するコレクションのなかで，展示で公開できるものの点数は限られるが，データベースを利用すれば，すべてのコレクション情報を公開することも可能となる。実際には，コレクションに関わる情報には個人情報等の公開には不向きなものも多数あり，類似する資料もあることから，公開にあたっての制限を設けるのが一般的である。展示室での利用としては，実物資料を補足する情報を提供する情報端末での利用が挙げられる。

　また，収蔵品情報の公開は，館内での対応のみならず，自館のWeb サイト上での検索公開に取り組むところが多い。さらに各館での情報公開の体制が整ってきたことから，複数の博物館を対象とした横断検索も盛んになってきている。

　4つの国立博物館（東京国立博物館，京都国立博物館，奈良国立博物館，九州国立博物館）の所蔵品を，横断的に検索できる ColBase（国立博物館所蔵品統合検索システム），美術館・博物館等に収蔵される文化遺産のデータを広く登録し，検索・閲覧を可能にした「文化遺産オンライン」，さらに，書籍等分野，文化財分野，メディア

芸術分野など，さまざまな分野のデジタルアーカイブと連携して，わが国が保有する多様なコンテンツのメタデータをまとめて検索できる「ジャパンサーチ」など。

　利用者の利便性を考えると，検索対象となるデータはできるだけ多い方が望ましく，さまざまな横断検索が試みられているが，その詳細については展示という本書のテーマの範疇を超えるため省略したい。

（3）映像ライブラリー

　展示における検索型の情報提供の典型的な事例のひとつが，来館者が興味をもったソフトを選択して視聴できる映像ライブラリーといえよう。この種の展示のさきがけとなったのが，1977年に開館した国立民族学博物館のビデオテーク（写真5-2）である。家庭用のビデオが発売されて間もない時代にあって，見たい映像を選んで視聴できるというもので，博物館の新しいサービスとして注目を

写真5-2　国立民族学博物館のビデオテーク

集めた。利用者が選択した映像のビデオテープを機械で取り出して，レコーダーに入れるという方式のため，上映が始まるまでに数分かかることもあったが，極めてアナログ的な方法とはいえ検索型の映像配信を実現した先駆性には，眼を見張るものがある。

　その後1988年開館の川崎市市民ミュージアムや1993年開館の江戸東京博物館など，映像ライブラリーを設ける博物館は増加し，映像の検索視聴は，博物館が提供する情報検索サービスのひとつとして定着していった。デジタル映像がスタンダードになった今日では，動画をPCによって管理しやすくなったことから，映像ライブラリーは，さらに多くの博物館でみられるようになっている。

5.1.3　携帯型解説システムの登場

　PCの普及は，来館者一人ひとりが情報検索装置を専有的に利用するというスタイルを可能にしたが，それよりも早い時期に個人が利用する機器として，音声解説システムが導入されていた。初期の音声解説システムにはテープが使われていたが，デジタル録音が可能になったことにより操作性が向上した。また展示に則した解説を聴くには来館者による選択操作を必要としていたが，無線信号によって来館者の位置を認識し自動的に解説が始まるなど，高性能化している。

　さらに，音声に加えて，文字や写真，動画等を提供することができる個人向けの装置として「携帯型解説システム」が登場した。

（1）専用端末の開発か市販品の利用か

　博覧会は未来の展示のショーケースと言っても過言ではない。2005年に開催された愛・地球博の日立館では，アクセスポイント

に端末を近づけると動画による解説が現れる携帯型解説システムが登場した。正に今日の携帯型解説システムの機能を先取りしたものであり，それを実現するための専用の情報端末（写真5-3）が登場した。

博覧会は，先端技術をいち早く体験できる実証実験的なイベントである。そこで提示されたプロトタイプを恒久施設である博物館等に普及させるためには，さらなる開発と量産体制を整えることが必要となるが，市場規模から考えて博物館専用の情報端末の開発は考えにくい。

そこで注目されるのが，市販品の利用である。1999年に登場した「みんぱく電子ガイド」は，展示室で映像と音声による解説を利用できる携帯型解説システムの先駆けであるが，そこでは情報端末としてゲーム機器が使用されている（2.3.3参照）。

当時，映像や音声を表示できるハンディータイプの機器として唯一普及していたのがゲーム機器であったが，みんぱく電子ガイド

写真5-3　愛・地球博，日立館の携帯型情報端末

は，これを端末として利用するというユニークな発想から実現した。今日の携帯型解説システムのような位置の自動認識機能やセンサー感知によるスタート機能は無いが，それまでの音声解説システムにはなかった映像を表示するという機能を有しており，個人が持ち歩き利用するシステムに新しい領域を開いた。

　スマートフォンやタブレットの登場で，コンピュータがもたらした情報革命は，さらに新しい時代へと突入した。インターネット経由で配信される文字や音声，動画，写真等の情報をいつでもどこでも利用できるシステムを日常的に持ち歩くという状況は，人びとの生活スタイルそのものを大きく変化させた。携帯型解説システムという視点に立つならば，誰もが世界中の情報にアクセスできる情報端末を有する時代になったということができる。

（2）Wi-Fi 環境の利用

　こうした時代環境の中で，博物館における携帯型解説システムの考え方も進化してきている。博物館内に Wi-Fi 環境等を整備し，どこでもインターネットに接続できる環境を整えるとともに，ネット経由で各自が有するスマートフォンやタブレット等の情報端末に解説情報を提供するという考え方である。携帯型解説システムでは，情報を提供する位置の認識がポイントになるが，閲覧用のアプリをダウンロードすることで QR コード等[5]による位置認識が手軽に行えるようになり，来館者が所有するスマートフォンやタブレットを情報端末として使用することが可能となる。

　一方で端末貸出方式も考えられる。情報端末として市販のスマートフォンやタブレットを使用することで，低コストで安定したサービスを提供できる。今日の情報端末は，PC と同様にプログラムを

変えることで多様な用途に転用できるところが特色となっている。貸出方式はダウンロード等の煩雑な操作が不要で，スマートフォン等を持たない高齢者や子ども等も利用できるところが利点である。また解説という枠組みを超えて，新しい参加体験型の展示メディアとして積極的に活用するケースもある（写真5-4）。

　一方で，多人数が一度に貸出を求める場合には，その数だけの端末を用意しておく必要があり，運営上の工夫が求められる。

　いずれの方式においても，ハード的には，携帯型解説システムを導入しやすい環境が整ってきている。こうしたなかで重要なのは，どのような用途で携帯型解説システムを利用するかにある。

（3）期待される多言語解説

　第一に考えられる使い方は，これまで音声解説等が担ってきた展

写真5-4　長岡震災アーカイブセンター　きおくみらい
地図の地点の情報が検索できる。受付で市販のタブレットを貸し出す方式。

示コーナーの概要解説や見どころ解説である。また来館者それぞれの興味に応じた情報を提供できるという特色を活かした展示物の詳細情報解説も効果的といえよう。さらに，端末をナビゲーターとするクイズラリー等も考えられるだろう。問題やコースを選択性にしたり定期的に追加することで，常設展示の場を効果的に活用することができる。常設展示は，飽きられるといわれるなかで，鑑賞方法にゲーム性を加えることによって二度，三度と訪れるリピーターを確保することにもつながる。

　こうしたさまざまな利用法のひとつとして注目されているのが多言語解説である。博物館の展示は，モノと解説の組み合わせから成り立っているが，文字による情報提供の比率が極めて高い。解説文を読んではじめて理解ができるという展示も多いなかで，課題となっているのが外国人等への対応である。

　パネル等では，タイトル等の外国語併記も試みられているが，解説文全体を外国語併記とする例は少ない。近年は，アジアからの観光客も増えていることから，日・英・中・韓の四カ国語表示が求められるケースも多いが，解説文全体の外国語併記は，スペースに限りがあることから現実的とはいえない。そこで期待されるのが，携帯型解説システムを活用した多言語解説である。来館するすべての外国人に携帯型解説システムを貸し出すことにより，パネルの文字情報はもちろんのこと，映像等のナレーションも多言語化でき，円滑な情報提供が可能となる。

　ヨーロッパの観光地等に設けられたミュージアムでは，こうした事例を多く見かけることがある（写真5-5）。今後，東京五輪やインバウンドなどにより，外国人来館者の増加が見込まれるなかで，多言語解説は，博物館に欠くことのできないサービスとして定着し

写真5-5　リスボン・ストーリーセンター
ナレーションや展示コーナーの解説は，すべて多言語
対応の音声解説システムで聞く方式。

ていくと考えられる。

（4）SNS でつながる世界の英知

　さらに今後は，自動翻訳システム等の発達により，日本語の解説
パネルを読み取って，その場で外国語に翻訳する技術が普及してい
く可能性もある。現在は，まだ満足のいく機能とはいえないが，今
後は，博物館サイドが特別に多言語解説を用意しなくてもよい時代
が来るかもしれない。

　今日，スマートフォン等，個人所有の SNS 端末を使った情報提
供は，さまざまな博物館で試みられているが，そこで提供される情
報は，展示を企画した学芸員等が編集したものであり，作品に対す
る詳細な解説が用意されていたとしても，主催者サイド発のコンテ
ンツに限られた情報提供であった。

　筆者の知人で西洋美術史を学ぶ大学院生は，展覧会の作品を見て

疑問に思ったことを，その場でスマートフォンを使って調べ，見識を広げるという鑑賞方法を実践している。海外から借用した作品は，所蔵先の美術館・博物館の情報に直接アクセスしたり，作家についての研究論文を調べるなど，興味の広がりや疑問に応じてネット検索を使いこなしている。利用者が望めば，世界中から作品に関する情報をその場で集められるという時代に私たちは生きているのである。

もちろん，ネット上の情報は，玉石混交であり，また，展示室内でのスマートフォン利用は，著作権保護等の観点から敬遠される向きもある。しかしながら，利用者ニーズという視点に立つならば，展示の場にいながらにして，世界の英知にアクセスできる環境は，魅力的といえよう。本物の作品に接することができるという普遍性はそのままに，展示が情報的には，より開かれた利用ができる場として進化していくことも考えられるだろう。

5. 1. 4　ICT で進化する展示環境

さて，これまでインタラクティブでパーソナル対応のメディアという視点から，博物館における情報メディアの動向を概観してきたが，その進化は，社会全体の ICT 技術の発達や商品環境に依存するところが大きい。

（1）博物館独自の情報技術研究

そうしたなかで，博物館独自の情報メディアを研究開発する試みもみられる。国立民族学博物館と国立歴史民俗博物館は，共に，大学と同格の組織として発足したが，当初から専門分野の研究部門に加えて情報研究部門を設けている。

ビデオテークやみんぱく電子ガイド等，国立民族学博物館の取り組み⁶については先に述べたが，国立歴史民俗博物館でも歴史資料をデジタル技術を使って興味深く見せるための研究等に取り組んでいる。

　同館では 2000 年ごろから，屏風や絵巻などの絵画をデジタル画像で細部まで拡大して見せる超大画像閲覧システムの開発を手がけてきたが，今日では屏風や絵巻に加えて，古地図，古文書，錦絵，衣装，装身具などにも適用され，新しい歴史資料の楽しみ方を提供している。

　歴史的な絵画をデジタル化し，新しい展示として活用する試みは，東京国立博物館でも行われている。

　2018 年の夏休みに開催された「なりきり日本美術館」⁷では，教科書等にも載っている有名な絵画の中に来館者が入り込めるという参加体験型の展示を実現した。絵の中の人物が原寸大になるように拡大した「冨嶽三十六景・神奈川沖浪裏」の画像を特大スクリーンに投影し，舟に乗る人物になりきってみるという体験や，岸田劉生作の「麗子微笑」の顔の部分が来館者の顔に変わる「デジタル顔はめ」で麗子になりきる体験など，デジタル画像の技術を取り入れたさまざまな参加体験型の展示が登場した。

　美術館や博物館など人文系のミュージアムでは，これまでは「観る」展示が中心であり，とりわけ観賞価値の高い資料が豊富な国立博物館ではその傾向が強かった。けれどもデジタル画像を活用すれば，参加体験型の資料展示という新しい領域を実現できる。それは，これまで人文系のミュージアムに縁遠かった人びとに展示の魅力をアピールする原動力となるだろう。

（2）仮想現実から拡張現実へ

　コンピュータが展示へもたらす福音のひとつが，コンピュータグラフィクス（CG）やバーチャルリアリティー（VR）等の画像技術といえよう。

　CG（Computer Graphics）は，映画や広告等，映像制作全般にわたっての革新を起した。博物館では古環境や失われた建築物等の再現は，ジオラマや模型等，造形技術による復元が通例であったが，CG による再現やシミュレーション等も可能になった。

　VR（Virtual Reality）は，日本語訳では仮想現実といわれ，現実には存在しない世界を，あたかも実在するかのようにコンピュータの中で作り出す技術である。博物館では仮想空間の中で展示を楽しむことができるバーチャルミュージアム等が挙げられる。モニター内での展開に加えて，ヘッドマウントディスプレイ等により，より臨場感を高める方法も普及している。

　このように VR はさまざまな可能性をもっているが，あくまでも 2 次元画面上に映し出される世界の中での体験といえよう。それに対して，3 次元の実空間と 2 次元の仮想空間，すなわデジタル映像による表現とを融合させ，より高い臨場感をめざしたものが AR（Augmented Reality）である。日本語では拡張現実と訳されている。例えば遺跡の中で特殊な眼鏡を覗くと，その風景に重ねて，失われた建物等がデジタル映像で現れるというような演出で，実空間の臨場感とデジタル映像の自由度という双方の利点を活かした世界を体験できる。一世を風靡したゲーム「Pokémon GO」も AR のひとつとして捉えることができるだろう。

　展示室は，3 次元の実空間であり，その特性を活かした情報提供ができることから，今後，さまざまな AR が展示の中で実現されて

いくことが期待される。

（3）プロジェクションマッピング

　立体的な空間とデジタル映像とを複合させたもうひとつの技術がプロジェクションマッピングである。プロジェクションマッピングとは，建築や物体等に対してCG等で作成した映像をプロジェクター等で映し出す技術の総称で，近年，博覧会やイベント等の演出として盛んに見かけるようになった。

　博物館では，地形模型等の立体物へ投影し，従来は固定されていた造形物の評定を変化させる等の演出も試みられている。

（4）注目されるクローン文化財

　最後に，博物館展示に利用されるコンピュータ技術の中で異色なモノとして，3次元プリンターによる造形物製作について触れてみたい。

　3Dデータから造形物を自動作成する技術は，今日では，広く一般に普及しているが，それは文化財を保存修復する技術の一つとしても進化している。

　クローン文化財とは，高精度な3次元計測やデジタル画像処理，デジタル印刷等の最先端技術を活用して文化財を保存修復しようとするもので，東京藝術大学等で取り組まれている。文化財を後世に伝える新しい保存・継承方法として注目を集めるとともに，これまで博物館で行われてきたレプリカ作り等にも関わる技術として期待される。

　また2019年9月にICOM（国際博物館会議）京都大会[8]が開催されたが，プログラムのひとつであるミュージアム・フェア[9]には，

スポンリー企業等から博物館に関連するさまざまな最新技術が出展された。クローン文化財と同様に複製物や模型等の制作に ICT を活用した事例も数多く紹介され注目を集めた。展示における ICT は，モニターやスクリーンなど 2 次元情報の表現技術として発展してきたが，今日では，立体の造形物製作のなかにも浸透した。今後は，さらに幅を広げながら博物館展示に大きな影響を及ぼしていくと考えられる。

5.2　ミュージアムラボ——美術展示の新しい試み

5.2.1　プロジェクト概要

　ルーヴル-DNP ミュージアムラボ（以下 LDML）は，ルーヴル美術館と大日本印刷株式会社（以下 DNP）が取り組んでいる美術鑑賞を革新する共同プロジェクトである。美術鑑賞は「ただ作品に視線を向けるというだけではなく，見る，知る，感じる，考えるというプロセスを通して，想像力と感受性を刺激し，見る人にさまざまな発見や感動をもたらし，新しい視点をひらくこと」だと考え，2006〜2010 年を第 1 期「まったく新しい美術体験」，2011〜2013 年を第 2 期「見方が変わる，見え方が変わる」というコンセプトで活動してきた。DNP 五反田ビルに小規模ながらプロジェクト専用スペースを設け，ルーヴル美術館の作品を実際に輸送・展示し，マルチメディアを使ってさまざまな切り口から作品を鑑賞する方法を提案してきた。これまでに 10 回の展覧会を実施し，約 100 のマルチメディアプログラムを開発してきた。その一部は，パリのルーヴル美術館の常設展示室に導入されている。

（1）プロジェクトの背景

　このプロジェクトに対するルーヴル美術館，DNP の背景を説明する。まず，ルーヴル美術館は，すべての来館者に美術作品をより深く理解してもらうために，美術館という存在そのものはどうあるべきか，新しい技術をどのように役立てられるのか，どのようにしてすべての来館者に新しい視点で作品を提供できるのかを常に検討してきた。ルーヴル美術館の来館者数は増加の一途をたどり，年間の来館者が 1,000 万人を超え，フランス語を母国語としない来館者の比率が上がり，美術鑑賞の場というよりは観光の一部として訪れる来館者が急増している。また，芸術の国フランスであっても若者の美術離れが進んでいる等，課題が顕在化していた。解決策の一つとして個人に貸し出す音声ガイダンスを導入している。利用率はあまり高くなく，かつグループで来館しているにもかかわらず解説を聞く作品がばらばらで，鑑賞体験が共有されていないという新たな課題も発生している。また，ほかの美術館で IT が導入されているのを見かけるようになったが，空間との調和がとれている事例は少ない。設置型にしろ貸出型にしろ，単体のマルチメディア導入を考えるのではなく，ギャラリーツアーやワークショップ等，従来の手法や空間設計と新たなマルチメディアを連動させ相互補完的に機能させる全体設計が必要で外部の力を借りて学ぶ必要があると考えていた。

　一方，DNP は 1993 年に国内の学芸員・研究者らとともに「美術館メディア研究会」を発足させ，美術館の情報発信やデジタルアーカイブの実践方法など，「これからの美術館」のビジョンを提起し，アート情報に関するインターネットサイトの運営や国内外の美術館・博物館とのイメージアーカイブ事業を進めてきており，さらな

る飛躍を模索していた。

　ルーヴル美術館の課題と DNP のメセナの考え方，コンピテンシーが合致しプロジェクトをスタートさせることになった。

（2）鑑賞スタイルの提案

　LDML は，ルーヴル美術館の課題を解決するべく，実験と検証を繰り返しながら美術鑑賞におけるマルチメディアの使い方を研究することを目的にしているが，個々のマルチメディアの有効性とは違う次元で，これからの美術鑑賞の考え方を提案している。現状の大規模な企画展のようにたくさんの作品を一度に観覧するのではなく，1点の作品を多面的に深く掘り下げてじっくり鑑賞する展覧会である。「見るべき視点」を複数身につけることで以降の視覚体験を変ようさせ，ものごとを多面的に捉えることができるようになる。これが成熟社会の美術鑑賞の方法の一つではないかと考えている。

5.2.2　マルチメディア開発の概要

　まず，既往研究の多様さと美術史上の重要性を加味し，展示作品の候補を絞り込む。既往研究にヒントを得て，解説方法のアイディアラッシュを行う。マルチメディア活用の効果が高いものを両者で検討し展示作品を決定する。次に，解説コンテンツのテーマを俯瞰し，実際の作品をどのタイミングで鑑賞してもらうか等，展示ストーリーと展覧会テーマを決定する。ルーヴル美術館の学芸員とフランスのミュージアムラボ専任職員5名が解説の原稿を作成し，DNP がマルチメディアのプロトタイプを製作する。プロトタイプをもとにさまざまな実験を行い，学芸員の原稿に立ち返って見直し

ながらマルチメディアコンテンツが開発される。五反田での展覧会に向けた開発がゴールではなく，最終目的であるパリ ルーヴル美術館に設置するために五反田での展覧会開催中に調査員による観察調査，装置の操作ログ，アンケート結果等を分析し，課題を洗い出しコンテンツ・システム両面の修正を行う。並行してルーヴル美術館の建築・展示課題の調整を行い，ルーヴル美術館に設置されることとなる。

（1）開発方針

　2005 年から実際の開発がスタートした。最初期，学芸部門にはマルチメディア導入によって来館者の作品への興味が薄れてしまうのではないか，という不安があった。マルチメディアが人と作品との間に立ちはだかるものではなく，鑑賞の助けとなるためにはどうすればよいか，議論を重ねた。情報量，作品とマルチメディアの位置関係，マルチメディア装置の形状，空間との協調性が話し合われた。例えば，マルチメディアはほぼ無限に情報を詰め込むことができるが，その情報量が本物の作品を鑑賞する体験を阻害しないように検討した。また，情報の編集方針の深い議論がなされ，作品に近いところに置かれるマルチメディアコンテンツは，「実際の作品を見たくなる」情報をシンプルに提供すること。すべてのマルチメディアコンテンツは対象となる作品の解説にとどまらず，ほかの作品を鑑賞するときや，ほかの美術館を訪問した時にも使える「視点」を提供することとした。そして，情報を整理するうえで，さまざまな文化背景をもつ来館者のために，解説する側がもっている「それぞれの文化的常識を捨てる」ことが重要であることも話し合われた。

（2）展覧会開発の進め方

　ここでは第3回展のコンテンツ開発のプロセスを紹介する。

　第3回展は，ルネサンス期ヴェネチア派の巨匠ティツィアーノの
《うさぎの聖母》という絵画作品が選ばれた。豊かな自然の風景に
女性二人と赤ん坊がピクニックを楽しみ，少し奥に羊飼いの男性が
描かれている。素人目にも美しいと感じられる作品だ。しかし，こ
の絵には美術史あるいはキリスト教宗教画に関する膨大な情報が隠
れている。

　LDML の開発は贅沢なギャラリーツアーから始まる。この回を
担当した学芸員とともに休館日のルーヴル美術館の展示室で，コン
テンツ開発担当・システム開発担当数名が作品に臨む。展示室に赴
くのは，その作品は「そこになければならない」，つまりルーヴル
美術館の展示それ自体が練りに練られた情報編集の結果であること
を知るためだ。

　その場に立ち，開発チームは学芸員から，作品の構図や空気遠近
法などの作品の美しさを構成する作家の技術，登場人物の服装や描
かれている事物が示す宗教画ならではの意味，そして同じ展示室に
置かれた他のティツィアーノ作品との関連性，当時のヴェネチアの
繁栄ぶりや聖会話というテーマが当時流行したこと等の社会背景，
ルーヴル美術館がなぜこの作品を収蔵・展示しているかといった来
歴，学芸員自身の研究内容や個人的な感性をじっくりと時間をかけ
て説明を受ける。次に，隣接する研究所に場所を移し，直近に行わ
れた修復作業の科学的データ，例えば絵画をX線撮影するとミネラ
ル質を使った絵の具の下書きを見ることができる等の説明を受け
た。これらの情報をもとにディスカッションを行い，コンテンツ構
成の第1稿ができあがる。場を移し，この作品と第1稿の内容を題

材にして，さらに一般的な絵画の見方，宗教画やルネサンスを読み解くための知識など，ほかの作品でも役に立つ鑑賞方法「視点」のディスカッションを何度か行う。

　例えば，キリスト教的な背景を知らない来館者にとって，絵の中に登場する女性の足元に水車があることからその人物は聖カテリナ（カタリナ）であること，赤い服に青いマントの女性はほぼまちがいなく聖母マリアであるというきまりを知ることは難しい。しかし，これらはキリスト教文化圏では常識のため，ルーヴルの従来の展示では説明されない場合が多い。他の文化圏の来館者のためには省略された部分こそ必要となるため，コンテンツに加えていく（筆者も赤い服に青いマントの情報を得ただけで，ルーヴル美術館の作品の見方が大きく変わった）。また，作家などの呼称について，日本では作家の出身地イタリアの発音に合わせて今回の作家を「ティツィアーノ」と表記しナレーションでもそう発音するが，フランス語では「ティシャン」と発音する等，違っていることを受け入れる。それぞれのバックグラウンドでわかりやすさを検討する。

　こうして開発現場から第2稿が提案される。学芸員からすると基礎知識が入り過ぎて回りくどい，またはやや物足りない情報も含まれている。さらにもう一度，学芸員とどのタイミングで展示作品を見るべきなのか，展覧会テーマ・ストーリーという視点から俯瞰した話し合いを行い，展覧会タイトルとコンテンツ構成の第3稿ができあがる。

（3）システム開発の課題

　この作業と並行して，ルーヴル美術館の教育普及の課題や将来に向けたマルチメディア実験内容が話し合われる。

ルーヴル美術館は宮殿でそれ自体が美しい文化財であるため，その空間にどのように調和させるか？　ヘッドフォン式のガイダンスシステムで生じている，グループ内の体験の分断状態からどうやって情報と空間を共有してもらうか？　初めてきた場所の初めて使うマルチメディアを，どうやったら直観的に操作できるか？　マルチメディアが，新たな混雑を引き起こさないためにはどうすればよいのか？　こういった課題を一つひとつクリアしていく。

5.2.3 「作品の構成」システムの事例

第3回展「うさぎの聖母　聖なる詩情」のなかで開発した「作品の構成」システムに絞って事例を紹介していく。このときの展示構成は，「16 世紀ヴェネチアの繁栄ぶり」「作品に描かれている図像学」「作品の構成」「16 世紀イタリア絵画の自然描写」「作家の人生」「修復プロジェクト」といった切り口で構成することとなった[10]。

「作品の構成」という遠近法について理解を促す没入型システムを説明する。

LDML のマルチメディア開発プロジェクトは，通常のシステム開発とは少し異なる。専門家は専門知識をどうやって解説しようとするのか？　鑑賞者はその解説をどうやって受け取り，理解しようとするのか？　これら人間の情報処理過程に注目して開発に着手する。例えば，学芸員は絵画の遠近法の完成度を説明するとき，香りを嗅ぐしぐさをしたり（あたかも草原の香りがしてくるように），例えば，鑑賞者は彫刻と同じポーズをとってみたり，（本当はやってはいけませんが）ペタペタと触って質感を確かめたりする。その作品を前にして思わずとる行動や空想に，作品を理解する方法が隠れている。

作品以外の情報でも，学芸員が解説するときに情報があたかも形あるものであるかのように，「置く」「払いのける」「つなげる」などの身振り手振りをする。ここにも情報構造を理解するヒントが隠れている。これらの行動から，直観的な操作方法が発想され，説明する内容の情報構造が整理される。

　学芸員から，《うさぎの聖母》を解説するにあたっては鑑賞者がヴェネチアの濃厚な空気を感じられるようにという要望があった。遠近法にかかわることだ。

　遠近法は，板やキャンバスという平面に，奥行きのある世界を自然に見せるための技術だ。効果を発揮すればするほど（つまり上手であれば），自然なもの（リアルなもの）と感じられ気づきにくくなる。加えて，人物描写が緻密で美しい。人は人の表情に自然に注意を向けてしまうため，描かれている空間の奥行きを感じさせる「技術」を観覧者が発見するのはかえって難しい。説明方法についてディスカッションを重ねた結果，遠近法の技法（焦点法・色彩法等）そのものを説明するのではなく，感覚的な体験「絵の中に飛び込むような体験」ができ，絵の背景描写に関心を向けさせる方が望ましいという結論に至った。

　まず，心理学や認知科学・人間工学の論文を集め，人間が「奥行きを感じとる手がかり」分野を研究した。両眼視差に始まりキメの勾配，遮蔽，運動視差など，メジャーな研究でも19分野程度があることが判明した。そのなかで，絵画を鑑賞することを前提としているので，完全なる3D・CG作成は作者の意図を反映していないことからここでは最初から考えない。システム開発の難易度，装置のコストを検討し，最終的にキメの勾配，遮蔽，運動視差の3要素を組み合わせることで効果的に絵の中に飛び込む体験ができそうだ

と仮説を立てた。絵画の近景・中景・遠景を演劇の舞台の書き割りのように分割し，仮想空間に立て看板状に配置し，その中を歩き回ると位置によって見え方が変わる仕組みのプロトタイプを作成した（図5-1）。

　一番奥まで進むことで，それまで人物の背景でしかなかった山々や鐘楼，空を見ることができ，初めて作品の奥に緻密に描かれている風景を感じとることができるようになっている。ルーヴル側のスタッフも気に入っていた。しかし，学芸員にレビューしたところ，絵画鑑賞の重要な部分が欠落しているとの指摘を受けた。書き割りの中に飛び込む感覚はよいのだが，まず，絵画が分解される前に作品本来の画面構成が見えること，また，描かれていない部分（例えば手前の人物の後ろは丘陵地帯の緑であろうと推測はできるが作者は描いていない）をむやみに描き足さないこと。建築シミュレーションのように空間上の事実関係を確認するものではないので，ある程度距離感についてはデフォルメすること。学芸員はこのプロトタイ

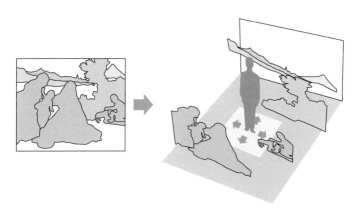

図5-1　「作品の構成」システム

プに刺激を受け，原稿を見直して追加修正を行い，2.5次元システム「絵の中に入る」が実現した。

5.2.4　ルーヴル美術館への導入

「絵の中に入る」はマルチメディア解説の有効性をテストするためにルーヴル美術館内の企画展に合わせて試験設置した。おそらくマルチメディアによる解説を期待していないであろうルーヴル本館来場者の観察調査を行った。観察調査の結果，子どもたちはシステムの操作方法の説明なしに鑑賞システムを楽しむことができ，体験後に展示作品の前に集まり，作品の詳細を観察した。鑑賞時間が急激に長くなることが観察された。マルチメディアが人と作品の間に立ちはだかるのではなく，鑑賞の助けになったことが確認された。また，ヒアリング調査では，若年層は作品の面白さに気づき，シニア層はルーヴル美術館が新しいことにチャレンジしていることを誇りに思うなど，好意的に受け入れられた。

この結果を受けて，ルーヴル美術館への本格導入に着手することになった。ルーヴル美術館の雰囲気に合ったデザインとすることはもちろん，古い宮殿のため電源を引いてくるのにも慎重に計画を立てなければならない。まして，マルチメディアの導入が原因で混雑し，新たな事故を引き起こさないための配慮が必要だった。最終的にLDMLで開発された鑑賞システムがルーヴル美術館の工芸部門，エジプト部門，絵画部門，ギリシャ・エトルリア・ローマ部門に合計8つのシステム導入された。

5.2.5　おわりに

実は，紹介した「絵の中に入る」は，企画終了とともに撤去され

た。理由は，楽しすぎて順番待ちになってしまったのだ。最初期から新たな混雑を起こさないこともめざしていたのに恥ずかしいかぎりだ。

　五反田で展開した，少数の作品（極端には 1 作品のみ）を徹底的に深く掘り下げる展示形式について，公開前は多少の不安があった。来館者は作品の少なさにがっかりしてしまうのではないか。しかし，実際には，「作品の見方がよくわかった」「作品へのさまざまなアプローチが面白い」と評価していただいている。ルーヴル美術館の学芸員曰く，「美術鑑賞はわかれば楽しいものだ。ただし，ある程度の知識と努力が必要だ。しかしその努力を来館者に事前に望むのは難しい」。このきっかけをつくるのがマルチメディアの役目だといえる。また，別の学芸員曰く，「こんなに忙しいプロジェクトになるとは思っていなかった。しかし，自分自身，新しい世界に接することができた。最初は想像もできなかった良いものができて満足している」。この言葉に代表されるように，学芸・教育普及・人間工学・マルチメディア開発等の専門家たちが緊密に連携し議論を交わすことが，これからの美術館・博物館の鑑賞システム開発に求められるのではないだろうか。

　このプロジェクトは今も，場所をフランス国立図書館などに移して，続けられている。

5.3　ビッグデータを活用した展示評価の可能性

　博物館の展示では，4.2.2 で述べているように，展示が完成するまでに実に多くの人びとがかかわる。基本となる展示シナリオ作成は，各分野の学芸員が別々に担当し，展示の専門家もプランナーや

デザイナー，さらに各メディアのスペシャリスト等，専門性の異なる多くの人びとがプロジェクトに参加してはじめて完成する。このように展示の主体者を特定しにくいという側面があることから，批評という文化は育ちにくく，完成した展示が果たして意図した情報伝達の効果を生んでいるか否かについては，アンケート等を通じての検証が中心となっていた。

しかしながら，2000年頃から博物館評価が注目され，そのなかのひとつとしてミュージアムがテーマとする内容やメッセージが実際に来館者に伝わっているかどうかを評価する展示評価[11]が提唱されるようになった。その具体的な方法としては，アンケート等の分析に加えて，来館者を直接観察して分析するというものがある。なかには，展示を見ている来館者のつぶやきを記録するという探偵のような調査もあるのだが，基本となるのは，どこをどのように見学していったのかという行動分析であろう。

ICTは，新しい展示メディアとして，ミュージアムの中に定着しているが，来館者が直接接するコミュニケーションツールとしての利用とともに，展示や展示の場のマネージメントを支援するツールとしても期待されている。そのひとつが来館者の行動をビッグデータ等の利用で把握しようという試みである。

これまで，来館者一人ひとりの行動分析は，その追跡に膨大な労力がかかるため，日常的にそれを行うことは不可能で，特別な調査研究プロジェクトによって実施されてきた。

けれども今日，ICTの発達によって，年齢や性別を自動的に識別するとともに，どの展示を，どの順番で，どれだけの時間，見学したかという行動追跡を自動的に行うことができるシステムが登場している。そこで得られたビッグデータを分析することによって，

来館者の行動を科学的に把握できる。

5.3.1　注目される行動分析

　今，空港やショッピングセンターなど利用者が集中する空間における行動分析が注目されている。多くの人々が所有するスマートフォンから自動的に得られる年齢や性別等の属性情報を活用するとともに，センサー等で位置検出を行うことで，属性に応じた行動軌跡のビッグデータを得ることができる。それを分析することによって，混雑原因の究明や解決策の検討，シミュレーションに役立てようとする試みである。

　多くの人々が集まり混雑する状況は，集客という側面からは望ましく見える。しかしながら一方で，インフラや運営人員等も混雑するピーク時に設定する必要があり，混雑と閑散の差が大きければ大きいほど，閑散時にはピーク時に設定されたものが無駄となる。また時間的な混雑差に加えて，混んでいる場所と空いている場所が同時期にあることも非効率の要因となる。

　商業系の分野では，効率化は利益に直結することから，こうした行動分析のための技術導入が急速に進んでいるが，それは展示会などの会場における集客状況を「見える化」する技術としても期待がもてる。さらに計測したデータを蓄積・分析して，その空間がもつ賑わいや集客のパフォーマンスを定量的に評価し，その結果をレイアウトや動線の変更につなげていくなど，空間活性化の手法としての導入も考えられる。

　これまで展示会の会場計画は，デザイナーなどの経験や勘に頼ることが多かったが，それに加えてデータに基づく科学的な分析が加わることで設計のグレードを高めることができる。

5.3.2 ミュージアムでの実証実験

　こうした行動分析がもたらすミュージアム展示への効果について論じてみたい。

　国立科学博物館では，来館した団体や親子に協力を依頼し行動分析についての実証実験を試みた[12]。スマートフォンを利用した「情報デバイス」とカード型の「行動センサー」を未就学児の親子連れや団体に貸し出すとともに，展示室内には，ビーコンとWi-Fiを設置して検出を行った。情報デバイスとWi-Fiの組み合わせで動線経路を把握し，行動センサーとビーコンの組み合わせで得られたデータから来館者間のコミュニケーションを分析した。

　図5-2は，ある親子連れ（未就学の男児と両親）の行動計測の結果である。12時18分に受付がある日本館B1Fをスタートして地球館B1Fへ移動し，地球館B2Fへ行ったのち，12時58分に日本館B1Fの受付へと戻っている。この間の会話も検出されている。スタート地点の近くにあるフーコーの振り子の前では，母親と男児が盛んに会話しているが，次の地球館B1Fではコミュニケーションは検出されず，親子が少し離れて見学している可能性がうかがえる。そして地球館B2Fの後は，父母の長いコミュニケーションが検出されており，次にどこへ行くかを話し合っている様子がうかがえる。

　また平面図は，このうちの地球館B2F上での親子連れの軌跡を示したもので，①〜⑥が測定対象とした展示物の位置である。滞在時間は，

　　①化石が語る地球の歴史　　　　17秒
　　②巨大な海生爬虫類　　　　　　394秒

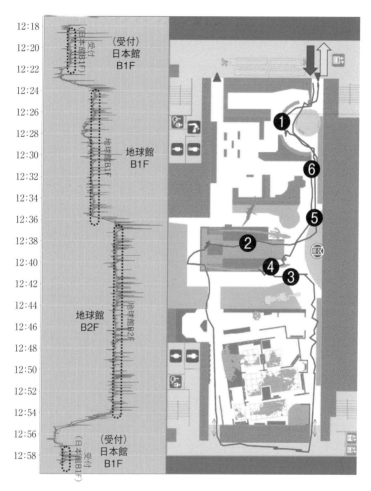

図5-2　ある親子連れの行動計測

③草原〜乾燥地に住む哺乳類　　　13秒

④水に戻った四肢動物　　　　　　42秒

⑤ディスカバリーポケット（フロアガイドの場）　10秒

⑥通路　　　　　　　　　　　　　12秒

という結果が得られた。

　男児が394秒（約6分半）も立ち止まった展示エリアには，大型の海生爬虫類などの化石が天井から吊されており，それが興味を引きつけたことがうかがえる。他の展示物には，十数秒しか足を止めなかったことと比べると，インパクトのある化石のへの興味が数字で実証されたことになる。

　図5-3は，日本館と地球館の一部の立ち寄り時間と人数の集計である。恐竜の化石は，B1Fの「恐竜の系統進化」というエリアで体系的に展示されている。そのエリアが最も人気を集めていることが数字的にも実証された。また，この調査で，日本館にも比較的立ち寄りの多い展示があることが確認された。コミュニケーション分析でも，立ち寄りや滞留が多い展示ほど，親子など来館者同士の会話が多いことも，あらためて明らかとなった。

5.3.3　新しい展示評価テクノロジーへの期待

　さて，展示評価を行う目的は，来館者のニーズに即した展示や学芸員が意図する情報の効果的な伝達など，より良き展示の実現をめざすことにほかならない。展示評価に関するさまざまな手法が模索されるなかで，来館者の意見に耳を傾ける方法として定着しているのは，アンケート調査が中心というのも現実であろう。

　こうしたなかで，来館者の行動を自動計測したビッグデータによって「見える化」する行動分析は，展示の効果や問題点を「数値

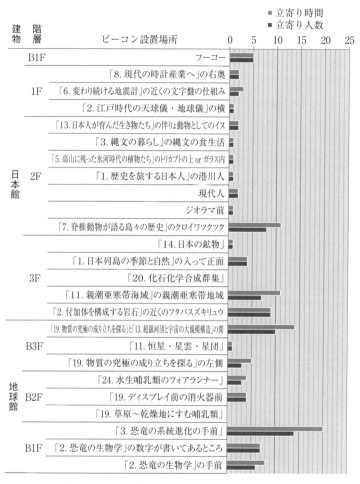

図5-3　日本館と地球館（一部）の立寄り時間と人数

化」によって科学的に評価・分析するための基盤技術として期待されている。一方でそれがミュージアムの展示の中で普及していくためには，さまざまな意識変革も必要であろう。

　例えば常設展示で，その展示に対する評価・分析を活かせる可能性が高いのは展示改装の時点といえよう。展示改装は，学芸員や学識経験者等の専門委員がつくった計画を展示の設計者が具体化するという流れが一般的であるが，計画づくり，あるいは設計の段階で，既存展示の行動分析から得られた結果を反映させる仕組みを整える必要がある。アンケート調査や利用者の意見等に加えて，定量的な評価分析もまた重要であるとの認識が深まることに期待したい。

　一方で，展示内容が一定期間で更新される企画展示では，行動分析を活用できるチャンスは大きい。面積や天井高，基本動線など企画展示室自体の環境条件は一定であるため，分析で得られた結果を次の企画展に活かせるという利点もある。とりわけ多くの来場者で混雑する美術館や博物館の特別展示では，空港やショッピングセンター等と同様に，対流人数を平準化するニーズは高いといえよう。先に述べた国立科学博物館の実証実験では，実験専用のスマートフォンを来館者に貸し出したが，今，スマートフォンは老若男女，多くの人々が所有している。それを利用することで行動データは容易に入手できる。

　これまでスマートフォン由来の情報を利用することには，個人情報漏洩へのアレルギーから眉をしかめられる風潮もあったが，今，コロナ禍にあって，行動把握のため，そのハードルは低くなってきている。また人が集中する展示の場で，特定の場所での混雑をできるだけ避けるための方策への社会的なニーズは高まってきており，それに応えるためのビッグデータの利用は，支持を集めやすい状況

下にある。

　展示評価による展示の改善は，来館者に満足感をもたらす質の向上こそ重要であることは論を待たない。ビッグデータの活用は内容面の改善においても大きな福音をもたらすと考えられる。その可能性に期待をもちつつも，まずは混雑解消という，わかりやすい事例で結果を出すことによって，ミュージアムの展示の中で，ICT を利用する新しい調査手法として市民権を得ることが重要ではないだろうか。

5.4 「拡張展示」を展望して

　本章は，5.3 をもって結びとする予定であったが，2020 年に起こったコロナ禍は，展示を取り巻く状況に大きな変化をもたらした。

　展示関係者が展示の特徴を示す言葉として，「今だけ，ここだけ，あなただけ」をよく使う。これはインターネットの「いつでも，どこでも，誰にでも」との対比として使われることも多い（2 章 55 頁参照）。

　展示は，「ここだけ」の展示の場に，わざわざ足を運んではじめて得られる情報メディアであり，その非日常性や 3 次元空間の中に身体を置くというライブ感こそが命である。その対極にあるのが，時間や空間の制約を受けずに情報を得ることができるインターネットであり，これまではミュージアムの活動の中で両者の役割分担がなされていた。

　ところが 2020 年に始まったコロナ禍により，2 月末からの数か月は，多くのミュージアム（美術館，博物館，科学館，水族館等）が

臨時休館を余儀なくされた。休館といっても博物館活動のすべてが止まったわけではなく，資料整理等のバックヤード業務は続けられていたが，展示や教育普及活動など来館者と接する活動が休止となったのである。

■展示の神髄は3密

感染予防の基本は3密（密閉，密集，密接）を避けることといわれるなかで，その3密を追求してきたのが展示である。屋内の展示室は，空調等の設備はあっても「密閉」空間であり，限りある空間の中に多くの観客が集まる。来館者数が多いことが善とされ，「密集」は人気と成功のバロメーターであった。そしてハンズオンなどの参加体験型展示や展示品をめぐる「密接」な親子での語らいなど，まさに展示は，3密そのものである。

こうしたなかで，休館期間の利用者サービスとして，にわかに脚光を浴びたのがオンラインによるサービスといえよう。休校となっている子どもたちを対象とした自宅で学べる学習プログラムの提供など，「おうちミュージアム」[13] という言葉が一般名詞と思われるくらいに，全国のミュージアムでさまざまな取り組みがなされた。コロナ禍による臨時休館は，奇しくも日本のミュージアムにおけるオンラインでの取り組みを加速させるきっかけになった。それらは，コロナ禍が収束した後も定着していくことが期待されている。

■注目したい展示室からのライブ配信

こうしたオンライン活動のひとつに，無観客となった展覧会（企画展）の展示室からのライブ配信がある。多くの「おうちミュージアム」が，ICT の中で完結しているのに対して，ライブ配信は，無観客ながらも「実在する展示室」の存在が背景にある。同じインターネットという環境を利用しながらも，コンピュータ内で完結す

る各種活動と展示のライブ配信とは，まったく発想の異なるサービスとして捉えることができる。

これまでにも，バーチャル展示（ミュージアム），デジタル展示（ミュージアム），オンライン展示（ミュージアム）等と称する活動があった。コンピュータがつくる仮想空間の展示室を歩くものから，資料を組み合わせて展示鑑賞の雰囲気で編集したもの，さらには，来館を目的とした利用者への展示内容の事前紹介や展示のリーフレットやガイドブックをデジタル化したものなど。けれども，それらは，あくまでもコンピュータの中での情報提供活動であり，「展示」を名乗ってはいても，リアルな展示とは別物の活動として捉えるのが妥当であろう。

それに対して，展示室からのライブ配信は，無観客でも，実在する展示とのつながりを前提としている。あるミュージシャンが，無観客の会場での演奏をオンライン配信して話題を呼んだが，コンサート会場という場の設定だからこそ人気を集めたと考えられる。今のコンピュータ技術や映像技術をもってすれば，エキサイティングなプロモーション映像は，いくらでもつくれるが，「会場での演奏」というライブ感こそが，このコンサートの人気を支えたといえよう。

展示もまた，しかりである。緊急事態宣言が解除され，ミュージアムが再開されたとき，来館者の喜びの声が報道されたが，改めて，展示というリアルな「場」に足を運ぶことの魅力や大切さを再認識できたのではないだろうか。

ライブ配信は，スポーツの試合や歌舞伎・オペラなどの劇場上演では，インターネットが登場する以前からテレビ中継という形で行われており，お茶の間に定着している。観客が一定の位置に着席し

て観戦・鑑賞するスポーツや舞台は，映画等と同一の情報伝達形態であり，映像表現との親和性が高い。

　それに対して，展示の情報伝達形態は，歩行しながら情報を得るところに特色がある。空間の中を来館者の意思で自由に移動でき，観覧時間も一人ひとりの自由に委ねられる。そのため，撮影場所や時間が特定される映像への置き換えには不向きであり，展示室からのライブ配信は，ニュース等で短時間取り上げられる以外は，ほとんど事例がなかった。

　けれども ICT の発達は，こうした壁を取り払う可能性をもっている。コロナ禍で行われたライブ配信は，無観客の展示室をギャラリートークで紹介する等，進行が固定化されたものが多かったが，やがては参加性や選択性をもたせた自由度の高いものに発展していくことも考えられる。ウォークスルーで自由に展示会場内を動き回り，見たい展示物があれば，高精細画像等で鑑賞する。ICT の発達によって，そんな展示見学も可能になるだろう。

■「拡張展示」の提唱

　こうした展示を「拡張展示」と称することとしたい。直接，来館者が訪れるリアルな展示を頂点に，オンライン等，ICT によって遠隔地にいても場の雰囲気と時間をライブで共有できる，展示をとりまく新しいサービスの概念である。日時が特定されるスポーツや劇場上演ほどではないが，期間限定というイベント性を有していることから，この「拡張展示」が普及してくとするならば，展覧会（企画展）がスタートとなるだろう。

　これまで，会場が混雑することは展覧会が成功したことの証であり，主催者は，多くの集客を手放しで喜ぶことができた。しかしながらコロナ禍では，人の集中を避ける工夫が必要となり，人数制限

や予約制等の対策を講じるところも登場した。そして，こうした傾向はコロナ禍が収まった後も，継続される可能性が高いと考えられる。

　一方で，入場できる人数が減るということは，収益を考えると一人あたりの入場料は高くしなければならない。日にちや時間に応じて入場料を変えるなどの工夫に加えて，展示に接する人びとの総数を広げていく必要がある。そこで期待されるのがオンラインサービスである。現在，オンライン系の情報配信は無料が多いが，今後は安価ながらも「入場料」を徴収することも考えられるだろう。むしろ対価を払っても見たいと思うような魅力あるライブ配信が登場することに期待したい。

　このようにさまざまな人びとが同じ展覧会をリアルとオンラインで楽しみ，場と時を共有できるという状況は，天井桟敷に例えることができる。

　天井桟敷とは，オペラ劇場の最後方・最上階の天井近くに設けられた安価な席をいう。決して良好な鑑賞環境ではないが，庶民や苦学生等，経済的に恵まれない層でも，舞台芸術を享受でき，ヨーロッパの市民社会を支える文化となっている。そして 21 世紀の今日で，こうした天井桟敷の考え方を踏襲するのが，オンラインではないだろうか。

■アフターコロナ社会での期待

　やがてコロナ禍が収まり，通常の展示見学が可能になっても，展覧会の会場を頂点に，オンラインで利用者層を広げる「拡張展示」の考え方が，新しい情報サービスとして定着していくことに期待したい。

　オンラインによるサービスが加わることで，入院や介護療養等で

展覧会の会場へ行きたくても行けない人びとへの福音となる。また，しかたなくオンラインで見学しても，次は会場へ行ってみようという来館動機の喚起にもつながる。さらに遠隔地利用の促進が考えられる。海外まで足を運ぶことが難しくても，話題となっている世界のミュージアムの展覧会を見ることができ，逆に，日本発の展示情報をライブで海外に発信することもできる。

　本節では，「拡張展示」の可能性を期間限定の展覧会を事例に考察してきたが，リアルな展示を頂点に置くという条件を満たせば，それは常設展示にも浸透させていくことができるだろう。ロボットを遠隔操作して展示を鑑賞するというような実証実験も行われている。

　そこで，改めて重要になってくるのが展示のクオリティーといえよう。「拡張展示」のピラミッドの頂点に立つリアルな展示は，これまで以上に展示を鑑賞してみたいという欲求を喚起するような高品質・高付加価値を追求していく必要がある。日常を離れた「聖域性」を全身で味わえるところがリアルな展示の魅力であり，ICTが発達しても，いやその発展に支えられて，展示の普遍性は，ますます顕著になっていくものと考えられる。

　ミュージアム界で展示に携わるものは，こうした展示に対する社会的ニーズを，改めて受け止めていく必要があるのではないだろうか。

引用参考文献・注 ─────────────

1：当時，さまざまなものが開発されており，どれを世界初のコンピュータとするかについては諸説がある。

2：理化学研究所が開発したスーパーコンピュータ。2020年試験運用開始。

　　TOP500，HPCG，HPL-AI において世界第 1 位を獲得。

3：アップルコンピュータの製品。後の Macintosh へとつながっていく。

4：当時は，マルチメディアという言葉が盛んに使われた。

5：他の位置認識の方式として，IC タグと赤外線センターと使う NFC，無線
　信号を感知する Beacon などがある。

6：他に展示資料を台に乗せると解説が表示されるドクターみんぱくや携帯
　型の映像端末等の研究・実証実験も行われていた。

7：NHK E テレ「びじゅチューン！」とのコラボレーション企画として実施。
　好評につき 2020 年秋にも実施された。

8：3 年に 1 度開催される国際大会。第 25 回目の京都大会は 2019 年 9 月 1
　日〜 7 日に国立京都国際会館を主会場として開催。日本の博物館界が総力
　をあげて取り組み，4,500 人を超える大会史上最多の参加者を集めた。

9：ICOM 京都大会のスポンサー企業や海外企業，国内外のミュージアム，
　文化財団等が出展する展示会。国立京都国際会館内のイベントホール等で
　3 日間開催。

10：詳しくは LDML の Web サイト，第 3 回展のページを参照。www.
　museumlab.jp

11：企画段階評価，形成的評価，総括的評価等がある。

12：未就学児団体／子連れグループの行動および，コミュニケーション分析
　における行動センサー機器設置調整業務。

13：北海道博物館が提唱した子どもたちが家で楽しく学べるアイデアを伝え
　るプログラムで，さまざまな博物館が参加した。

6章

事例研究　科学館の展示をくらべる

　博物館の展示は，実物資料が基本と考えられるのが一般的ななかで，モノに頼らない展示を中心にその可能性を広げてきたのが科学館である。本書は表題を博物館展示ではなく「ミュージアム展示」としているが，参加体験型の展示メディアによって発展してきた科学館の展示は，モノではなく情報や体験に主眼を置いたさまざまな分野のミュージアムのモデルとなっている。

　こうしたことから，事例研究では，科学館をフィールドに，その社会的役割と展示のあり方について報告する。

　科学館は，今，全国的に普及している。歴史や自然は，地域それぞれに特色があるが，科学や科学技術という分野は，全国，いや世界一律である。その一方で設置主体や立地環境によって，科学館に期待される機能や役割は異なってくる。

　そこで，性格の異なる3つの科学館を取り上げる。首都東京に立地し，日本の先端科学技術を世界に発信する科学館として日本科学未来館，大都市名古屋に立地し，都市型生活の「文化装置」として全国の科学館をリードしてきた名古屋市科学館，地方都市である高知に立地し，地域社会に立脚しその文化振興に貢献する科学館として活動の幅を広げている高知みらい科学館。

　この3つの事例から，それぞれのミッションと展示や活動との関係を明らかにする。

日本科学未来館
—— 「先端」とともに，走り続ける未来をテーマにした館

　ミュージアムの歴史のなかで，科学館というカテゴリーはまだ新しいジャンルに属している。博物学をベースとした自然史博物館と比べて，自然科学を取り扱う科学館は，1980年代から始まるハンズオン展示をはじめとして，さまざまな自然の現象をどのように「視覚化」「空間化」「体験化」するかということに重きを置き，展示の開発が行われている。ただし，近年の科学館においては，取り扱う自然科学の分野も，科学の変化と同様に大きく変わってきている。

A. 科学とは，常に変化し進化していく世界である

　歴史を扱うのであれば，「資料」をもとにした展示方法があるが，「進化系」の科学において，資料というものは，展示としてつくるしかない。

　しかも，扱う分野が先端科学であるとしたらどうであろうか。常にその展示方法を，模索していくしかないわけである。

　先端の科学の展示を核として，また自然史や博物学的なコレクションをもたないという計画のもとに設立された日本科学未来館（以下，未来館）は，まさに，「先端」を見せるための実験場である。本稿では，未来館での活動を例に，展示物ではなく，変わり続けメッセージを発信し続ける新しいミュージアムの形を考えてみた

い。

2001 年の開館以来，先端科学技術と社会とを，展示や対話，さまざまなアクティビティを通して，つなぐ場として，未来館は活動を行っている。

その核となる常設展は，現在，自然科学を中心とした「世界をさぐる」ゾーンと，技術革新を中心トピックスとした「未来をつくる」ゾーンそして，それぞれの世界をつなぐ，未来館のシンボル展示としてジオ・コスモスという大型の球体地球ディスプレイ，その周りの吹き抜けの空間全体を「地球とつながる」ゾーンとして，展示と対話，リサーチ，表現を融合させた活動を行っている。

常設展は毎年 2 カ所くらいの新規展示が常にインストールされる仕組みになっていることから，新しい展示手法の開発がミュージアム活動の研究の一環ともなっている。

それぞれのフロアに特徴的な，展示開発のポイントを簡略に紹介し，「つながりプロジェクト」という，科学館における新しいネットワーク系の展示のあり方について考えたい。

B.　先端の自然科学の展示

■見せるものがない

「世界をさぐる」ゾーンでは，生命科学，宇宙物理，地球環境の分野を中心に，展示トピックスとしては，真実を探求する自然科学が中心となっている。

近年の科学の進歩により，先端科学の扱うサイズは，もはや人間が見られる範囲でないものが中心だ。物理の世界では素粒子物理，はたまた次元を超えた超弦理論など，一般人の認識を遥かに超えた世界が中心となっている。また生命科学においては，ミクロな細胞

レベルにおける研究や，分子レベルの研究が盛んである。また地球
環境の研究は，巨大な地球システムを宇宙の果てや，地底深くから
探る研究が活発である。

　これらの研究を展示物にするということは，展示するモノがない
ということを意味している。

　なぜなら，そもそも人間の目や脳で認識できないようなモノやコ
トだったり，研究のプロセスにおいては，加速器や探査機，望遠鏡
など，到底実物展示は不可能な巨大な研究施設や機器が中心だから
である。

　私たちの展示資料の中心となるのは，研究者の頭の中や，さまざ
まな観測機器が捉えた，現実世界では見ることのできない世界ばか
りである。

　展示開発においては，資料を見せることよりは，探求しているこ
とがいかに私たちと「つながっているのか」ということを，大きな
課題として掲げている。専門性が高く，見ることもできないとなれ
ば，来館者をその世界へと導くことは困難だ。

　宇宙のはじまり，生命の神秘，地球のシステムへの理解が，私た
ちの存在にどのようにつながっていて，どのような未来へと導いて
くれるのか，研究者たちの言葉を頼りに，壮大な科学の世界が明ら
かにしようとする，人類の「知」を来館者と共有することが重要と
なってくる。

　展示においては，展示物が存在しないため，扱う分野をどのよう
なメッセージ，ストーリーにのせて，提示するのかということに，
かなりの時間をかけ，第一線の科学者を監修者に迎え，議論を重ね，
また来館者調査により来館者の理解レベルを設定したうえでの企画
や計画を重ねている。

■物語化

そして，具体的に研究分野に関わっている研究者，つまり「人」を前面に出し，語り部として来館者とつなげる工夫をしている。

幸いにも，この分野においては，開館から14年の間（2015年の執筆当時）に，日本人ノーベル賞受賞者が何名も選出されたことから，ノーベル賞という誰もが知っている世界的な偉業として，科学者の顔と研究とを一致させることが可能になっている。

基本計画においては，メッセージ，ストーリー，そして取り扱う科学トピックスのリストしかないという状況のなか，仮定をもとにしたストーリーを追いかけたり，その世界を物語り読み進めたりする方法を模索している。具体的には，近年開発した展示では，仮定を用いて課題を解決するゲームや，絵本をモチーフとして物語を追っていくスタイル，来館者を主人公として選択を迫るロールプレイング型など，新しい手法で，いかに難解な科学トピックスに興味をもたせるかということに挑戦している。

写真1　常設展示「100億人でサバイバル」
画像提供：日本科学未来館

　また，生命倫理，エネルギー，東日本大震災後のリスクの考え方
など，未来社会をつくるために社会全体が向き合う大きな問題に対
して，来館者に意見を求め，社会の声を研究者へと届ける仕組みの
検討を本格化させている（写真1）。

C. 先端の科学技術の展示「未来をつくる」
── プロセス，システム，技術そのもの

■モデル化

　「未来をつくる」ゾーンでは，イノベーション，ロボット，情報
社会，技術革新といった分野が中心である。このエリアの展示ト
ピックスは，「世界をさぐる」ゾーンに比べると少なくともある「技
術」となったもの，人が作ったものが中心となるので，展示する「モ
ノ」はある。しかしながら，それらは，100年前の技術であれば，「機
械」として目で見ることができるが，ナノテクノロジーや情報技術
のように，現在のテクノロジーは目に見えないスケールのものが中
心である。

　ここでのテーマは，人類のイノベーションであり，未来の技術を
つくる，そして使う，そして未来をつくりだすことを想起させ，来
館者のリアルな体験を心がけている。

　そんななかで，一つには，見えない世界をどう見せるかというこ
とがある。「インターネット物理モデル」や「アナグラのうた」とい
う展示では，デジタルの仕組みや情報社会を，単純化しモデル化
することによって展示にする方法をとっている。それらに物語をつ
けることで，実現された社会システムをゲーム的なシチュエーショ
ンで体験したり，仮想の未来の住人たちと会話しながら自らがその
市民になるといった，未来社会に自らが参加するという展示手法と

して実験している。

■働き続けるロボット

「未来をつくる」の研究成果として目に見えるリアルな展示物に
は，ロボットがある。未来館は少なくとも 2015 年の段階で，世界
で最も多くヒューマノイドロボットが「働いている」ミュージアム
であり，ロボット展示は，ミュージアム全体の主要コンテンツにも
なっている。先端のロボットを日々動かすには，確実なメンテナン
スサポート体制と，最新鋭のロボット研究の情報が常にアップデー
トされていることが前提となるため，研究者，研究所との密なコラ
ボレーションが不可欠である。未来館では，本田技術研究所や，ロ
ボット研究者たちとの協業として，彼らが未来館を実証実験の場と
して使うというフレームを構築し，ミュージアムの展示物としては
技術的にコストがかかる展示を，常設展として維持することに成功
している。日本のお家芸ともいえるヒューマノイドロボットの，
ASIMO とオトナロイド（アンドロイド）は，フロアで働く科学コ
ミュニケーターという位置づけで，ロボット研究全般や，自分自身
の機能についての解説をロボット自らが行うというアクティビティ
を担っている。

来館者はリアルな先端技術を見て，体験して，研究の参加者とな
り，「未来をつくる」体験をしてもらうことになる（写真 2）。

D. 地球規模での活動をめざして──「つながりプロジェクト」＝フォームからプラットフォーム，ネットワークへ

開館 10 周年の 2012 年，未来館では館のミッションを，「科学を
文化として伝える」ことに加え，「地球規模課題の解決に貢献する」
ことを掲げた。そのときに立ち上がったのが展示，アクティビティ，

写真2　アンドロイド「オルタ」
画像提供：日本科学未来館

ネットワーキングを融合させた「つながりプロジェクト」だ。

　シンボル展示のジオ・コスモスのリニューアルにともない，そこに映し出されるグローバルデータの収集とその可視化，来館者との共有化，そして，世界の科学館や研究所との連携。このプロジェクトでは，インターネットやソフトウェアを駆使して，館に属した展示ではなく，今の時代のさまざまなツールを通してオンラインや他館へと拡がる展開を考えた。

■プラットフォーム

　つながりプロジェクトでは，地球を感じる，地球を探る，地球を描くという目的をもったジオ・コスモス，ジオ・スコープ，ジオ・パレットという3つのツールを開発した。

　地球を感じるためのツール＝球体ディスプレイのジオ・コスモスは，どれだけ美しく地球を再現できるかということを重点に置いた。

　地球を探るためのツール＝ジオ・スコープは，インタラクティブ

なディスプレイでさまざまなグローバルな観測データや，地理データのライブラリーボードとして機能する。

　地球を描くためツール＝ジオパレットは，インターネットサービスとして，国ごとの600以上の統計データと，ジオ・コスモス，ジオ・スコープと共通の地球観測データを用いながら，自分自身で考えたオリジナルの世界地図を描くことができる。

　これらのツールで利用され，またそれらのツールで制作されるコンテンツは，連動し，各ツール上で共有することができる。

　また，高解像度の美しい球体ディスプレイを囲むシンボルゾーンと名づけられたジオ・コスモスを眺める空間は，未来館のアクティビティを象徴する場ともなっている。シンポジウムやワークショップなど，本プロジェクトに関わるアクティビティはすべてこの場で行われている。

　球体，平面，オンラインで相互に展開し，さまざまなアプローチと方法で，地球の今を共有することをめざし，また，世界各国の研究所との連携により，年々，その蓄積データを増やしている。と同時に，現在ジオ・スコープのタブレットアプリ化，ジオ・コスモスのコンテンツ仕様のオープン化とリアルタイム化など，それぞれのツールの展開を，新しいデバイスやオンラインシステムを使い，拡大させている。「つながりプロジェクト」は固定したフォームの決まった展示ではなく，地球データのライブラリーであり，科学者と一般の人びととをつなぐための視覚化されたツールである。また，一般の人びとが自ら参加し，対話する場をもつ，情報，技術，表現，ネットワーク，リアルな空間が融合したプラットフォームなのである。

■メディア，ネットワークとしてのミュージアム

　今後，ミュージアムというのは，館に人を迎え入れるだけでなく，

その存在が社会にメッセージを発信し，人びとへの知的な情報提供だけでなく，人びとの気持ち，心へと残る存在になるべきであろう。そして，人びとの情報とのつきあい方は，電車にのってミュージアムへ足を運ぶだけでなく，インターネットを通じて参加できるようになる。

　プロジェクトの立ち上げと同時に，安定してきたネットワークサービスを積極的に用い，SNSや動画配信などとも連動し，統合的なプロモーションと情報発信を行うことにした。例えば，ノーベル賞の時期には，自館メディアとしては，ブログや，ニコニコ生放送での予想番組での展開，マスメディアへは解説番組などへの情報提供を行いながら，館内には速報パネルや，研究解説のミニトークを実施するなど，オンラインとリアルサイトの連動は，より発展していくアクティビティといえる。

　また，つながりプロジェクトによるアクティビティは，未来館のユーザーや，未来館という場にとどまらない。ジオ・コスモスが美しい地球として存在することで，世界的なミュージシャンの希望により，空間への楽曲の提供や，ライブイベントなども積極的に企画し実施することに成功し，国賓のスピーチや，テレビ番組の収録など，科学と文化，地球規模課題への取り組みの象徴的な場として発展している。

　私たちのコンテンツは，モノではなくデータである。つまり，似たような球体映像のシステムや，コンピューター環境，インターネットがあれば，どこでも再現することが可能である。他館へのコンテンツ提供や，アクティビティ連携が，トラックやコンテナの輸送なく，データの連携だけでできるわけで，具体的には，国内外のミュージアム，万博，フェスティバルなどへのコンテンツ提供や，

写真3　地球ディスプレイ「ジオ・コスモス」
画像提供：日本科学未来館

つながりプロジェクトの巡回展が実現し，さらに3つのツールを使ったアジア6カ国での同時ワークショップの開催など，発展的な展開が実現している。

　先に記したように，先端の展示は，展示するモノがない。展示したいのは，その研究や技術のプロセスだったり，使い方，それらがもたらす未来像であり，それらとつきあう，体験である。つまり，私たちの展示は，物質から解放された自由をもっているともいえる。

　しかし，ミュージアムは場であることも事実であり，情報空間と物質的な空間を有機的にうまく融合させながら，ミュージアムのアクティビティを行っていくことが必要である。ミュージアム自体がメディアとして機能し，物理的な場，オンラインの場，マスメディアの場，そして世界のさまざまな科学館を舞台に，コンテンツの発信とコミュニケーションを重ねていくことが，未来の館のふさわしい形なのではないかと考えている（写真3）。

名古屋市科学館

A. 名古屋市科学館の誕生とテーマの変遷

　日本における科学館建設の波は，1960 年代の高度成長期に始まった。そのパイオニアの一つが名古屋市科学館である。名古屋市科学館は，プラネタリウムと展示室をもった「市立名古屋科学館」として 1962 年に開館。2 年後に，理工の展示室をもつ新館を併設させ，天文館・理工館からなる総合科学館となった。その後，1989 年に生命の科学・生活の科学をテーマとした新館を建設。天文館・理工館・生命館という 3 つの建物からなる日本最大級の総合科学館となり，名称も現在の「名古屋市科学館」となった。そして 2011 年 3 月，築 40 年余りを経た天文館・理工館の移設・新築，生命館の一部改修を行い，世界最大の内径 35 m ドームによるプラネタリウムをもつ，総床面積約 22,500m²，展示面積約 7,400m² の施設としてリニューアルオープンした。図 1 に，1964 年，1989 年，2011 年の展示フロアテーマの構成の変遷を示した。1964 年の時点から，物理，化学，地学などの学問上の分類でまとめたわけではなく，一般市民の暮らしに身近な科学技術の視点で構成されている。1989 年の生命館の増築にあたっては，理工館・天文館の展示を物質，情報，エネルギー，生命，宇宙，交通の 6 つのテーマに分類し，フロアテーマの再構成を行った。さらに 2011 年のリニューアルでは，科学と

市立名古屋科学館フロアテーマ（1964年時点）

名古屋市科学館フロアテーマ（1989年時点）

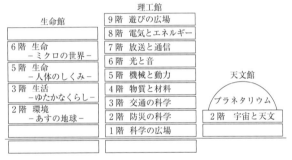

名古屋市科学館フロアテーマ（2011年時点）

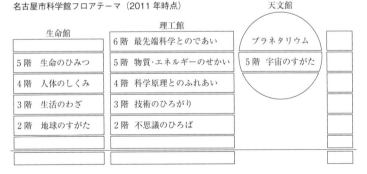

図1　フロアテーマの変遷

「市立名古屋科学館 案内パンフレット」（市立名古屋科学館編集，昭和39年12月10日発行）および「名古屋市科学館要覧」（平成21年度，平成23年度）の情報を元に筆者作成

の出会いから，身近なくらし，そして宇宙や地球全体へと興味をひろげていくことをテーマに，また地球環境や生命科学など，科学リテラシーを育むことを意識した先端科学への視座も取り入れ，全館のフロアテーマの再構成を行い，現在のようになった。

B. 「不思議からはじまる知の探究」── ６つのフロアテーマ

新館リニューアルにむけて策定された『名古屋市科学館展示・プラネタリウム基本計画（2008）』では，施設全体の基本方針として「科学の面白さを感じることができる科学館」「何度も行きたくなる科学館」「科学好きの子どもを育てる科学館」「地球環境時代の科学館」「連携する科学館」の５つが掲げられた。この方針に沿って，プラネタリウムは「限りなく本物に近い星空」を，展示は「サイエンスエンターテイメント」「興味・関心をステップアップ」「本物の体験」をテーマとして定め，計画が進められた。当科学館は，旧理工館の建設当初から，当時（現在でも）わが国ではあまり見られない，同一平面上にない複数フロアにまたがるビル構造の科学館であったため，縦の層をつなぐテーマ設定やストーリーが求められた。前述の図１（2011年時点のフロアテーマ）にあるように，新しい理工館２階から始まる展示室は，子どもたちが科学に親しみ，科学への興味関心を掘り起こすことをねらいとした「不思議のひろば」（写真１）から始まり，日常生活と技術の関わりを体験する「技術のひろがり（３階）」（写真２），物理・数学を中心に科学の基礎的な原理原則を体験する「科学原理とのふれあい（４階）」（写真３），化学分野を中心とした「物質・エネルギーのせかい（５階）」（写真４），そして最新の宇宙開発と地球深部探査をテーマとした「最先端科学とのであい」（写真５）となっている。さらに隣り合う天文

写真1
2階「不思議の
ひろば」

写真2
3階「技術のひ
ろがり」

写真3
4階「科学原理
とのふれあい」

写真4
5階「物質・エネ
ルギーのせかい」

写真5
6階「最先端科
学とのであい」

写真6
天文館5階「宇
宙のすがた」

館5階は「宇宙のすがた」（写真6）と建物の横軸を意識したテーマ配置がされている。2階から上層階へとのぼるにつれ人類の知の挑戦の深まり，来館者の科学的興味の深度を高めながら，科学技術と来館者との向き合い方を基軸とした空間の中に現出させることをめざした。この試みは，これまで科学の分野によって構成されていた展示テーマ（フロア）のターゲット層やデザインの方向性を決定づけた。幼児・低学年層を主たるターゲットとする2階と，宇宙科学や天文ファンが集う6階や天文館5階に求められる空間性や情報のあり方は大きく異なる。空間デザインテーマもフロアごとに意図的に不連続なものとし，フロアを上がるごとに科学への意識を高揚させることに一役買っている。設計の当初から「何を伝えるか」も重要であるが，科学館の情報デザインにおいては「いかに伝えるか」を重要視すべきである，との見解のもと，現象や対象物の「巨大化」「分解」といった解読方法の極端化や，「美しさ」「好奇心」といったエモーショナルな訴えかけを取り入れ，特徴的な空間性を備えている。

C. 地球環境のダイナミズムを体感する ── 4つの大型展示

　こうした考え方を受け，当科学館のシンボルとなっているのが，4つの大型展示である。地球環境そのものと向き合い，自然の神秘や美しさ，強大さを五感で感じる科学エンターテイメント体験としてこの大型展示は計画された。水，光，虹，台風，竜巻，雷，オーロラ，極低温，無重量，などの巨大な自然現象を本物の体験として展示化することがねらいであり，その実現性に向けてさまざまな検証や実験を計画の過程で行った。そして，水，竜巻，雷，極低温，の4つが実現可能なテーマとして絞り込まれ，体験空間化（装置化）

が行われた。通常の展示装置のように縮小化されたモデルではなく，認識できる範囲での巨大な体験は，「本物の体験」として体験者に現象そのものの不思議さ，魅力を伝え，感動を湧き立たせている。この「五感による地球ダイナミズムの本物体験」こそが，当館の展示最大のポイントであり，決して最新技術を用いた手法ではないが，これまでにない新鮮な輝きを放っている。

■極寒ラボ

　常にマイナス30度に保たれた低温環境のなかで，多種多様な実験を行うことができるラボである。防寒着に身を包みながら，水に浸したタオルを回転させ，瞬時に棒状に凍らせる実験や，南極大陸の昭和基地がどのような技術で建てられているといった展示とともに，あたかも極地の天空のように天井に投映されたオーロラの神秘的な様子を映像体験することができる（写真7）。

写真7　大型展示「極寒ラボ」

■放電ラボ

　ミュンヘンのドイツ科学館ではじめて展示され，世界的にひろ
がった放電装置であるが，これらはアーク放電を中心にした「落雷」
を観賞・体験する装置であった。これに対し，当科学館では瞬間の
落雷現象を見せるだけでなく，電気の光そのものが空中に放電さ
れ，はげしくうごめく「稲妻」を見せることをテーマに，高周波・
高電圧発生装置「テスラコイル」による放電実験を展開した。2基
の大型テスラコイルを用いた放電実験装置により，2基のコイルの
間4mの距離を空中放電し，まるで生き物のようにうごめき，光り
輝く稲妻を体験することができる。稲妻によりオゾン化した空気中
の酸素のにおいが五感を刺激する（写真8）。

写真8　大型展示「放電ラボ」

■竜巻ラボ

　数メートルの高さの竜巻装置は珍しいものではなく，科学館の定
番装置として全国に存在する。これを高さ9mに及ぶ世界最大級の
竜巻発生装置とした。さながら竜のように渦巻く風が上空へとうね

りをあげながら立ち上るさまは，非常に感動的である。この竜巻装置を舞台として，「オズの魔法使い」をテーマにショーアップした演出や，観客が竜巻の中に身を置き，風の流れを全身で感じることができるなどの演出を展開している（写真9）。

写真9　大型展示「竜巻ラボ」

■水のひろば

　巨大な水の循環を体感する巨大装置群であり，天空の雲や雨，大地を流れる川，そして海，という地球上の水の動きを体感するとともに，それぞれの場面（ステージと呼んでいる）における水圧，表面張力，流体力学，などの水の性質を科学的な体験として提供している。また，霧の演出と映像，照明，音響を組み合わせ，「地球の生命と水」というテーマでショーを展開している（写真10）。

写真 10　大型展示「水のひろば」

D.　これからの科学館展示とは？

　このように名古屋市科学館の展示は，決して目新しいものではなく，科学現象の本質をいかに興味深く「魅（見）せられるか」という点に最大のポイントを置いて企画・設計・制作された。生命館が誕生した際につけられたキャッチフレーズ，「みて・ふれて・たしかめて」は，1960 年代に始まり，のちに誕生した「エクスプロラ

トリアム」（1969 年開館）の影響を大きく受け，当施設の基本姿勢として現在も貫かれている。一方で，岐阜県に設置された「サイエンスワールド」は，先端科学技術体験センターという名称ながら，装置をもたない科学館である。この施設は，学校では体験することができない科学インフラを整備し，ひとによる科学教室を第一にした施設である。近接する地域で（だからこそともいえるが）こうした性格の違った施設が並び立っている，というのも興味深い。

　今後，科学館が対象とする領域は，多様化する現代社会，山積する地球規模の課題においては，拡大する一途である。情報学という側面から，科学技術を「いかに伝えるか」という研究開発が一層推進される必要がある。2020 年，全人類が直面した COVID-19／新型コロナウイルスを捉える科学の眼もその一つといえる。

画像提供

　写真 1・2・3・4・5・6・10（下段）：名古屋市科学館

　写真 7・8・9・10（上段）：乃村工藝社

事例 3

高知みらい科学館

A.　高知みらい科学館の展示コンセプト

■科学を楽しむ文化を育てる

　高知みらい科学館は，複合施設「オーテピア」として，オーテピア高知図書館，高知声と点字の図書館とともに，2018 年に開館した。当館は使命の一つに，「科学を楽しむ文化を育てる」を掲げている。音楽やアート，スポーツなどと同じように，「科学」も文化の一つとして楽しんでほしい！ という思いである。今回紹介する事例はすべて，この「科学文化」の振興をめざした取り組みである。

■常設展示のコンセプト

　当館の展示面積は約 690m^2 とコンパクトであり，常設展示の計画にあたっては，設置する展示物を厳選する必要があった。また，頻繁に展示更新ができるとは考えにくいため，できるだけ陳腐化しづらくすることも求められた。そのため，特に次の 3 点に配慮した。

①最新の科学は常設にしない

　最新の科学を常設にしても，すぐに最新ではなくなってしまう。そのため，最新の科学は，企画展やサイエンスカフェなどで扱うこととし，常設には入れなかった。

②デジタル系は常設にしない

　デジタル系の展示は，将来，パソコンやソフトの更新が必要とな

ることから，当館では最低限に抑えた。

③入れ替え可能な部分を多くする

　いくつかの展示は学芸員による入れ替えができるようにした。例
えば「地球情報コーナー」では，毎日の天気図や，最近の地震・台
風の情報などを展示している。

■**展示デザインを考える**

①展示室のデザイン

　当館は，子どもだけでなく大人も楽しめる科学館をめざしてい
る。そこで，「科学館＝子どものための施設」というイメージを避
けるため，子ども向けのチラシとは別に，中学生〜大人向けのチラ
シをつくったり，サイエンスカフェなどの大人向け事業を行ったり
している。

　展示室の床は濃い緑色，展示装置は，木材を多く使ったデザイン
とし，木以外の部分は白か黒に塗装している。展示室内のグラ
フィックも，水彩画タッチの落ち着いたデザインにした。その結果，

写真1　展示室の様子

展示室全体として，大人が一人でも過ごしやすい空間になっている（もちろん子どもは，デザインに関係なく遊んでいる）（写真 1 ）。

　また，中高生が「展示案内サポーター」として活躍したり，高校の理科授業や大学の教員養成・学芸員養成の実習で展示室を活用したりと，小さい子どものためだけではない展示室となっている。

②展示装置のデザイン

　展示設計の段階から，科学館での経験のある学芸員（筆者）が配属されていたため，各展示装置について，学芸員と展示業者が細部までつくることができた。運用方法や来館者の動きを想定し，科学的にどう見せるかを考える学芸員（などの専門職員）と，それを実現する手法や機器についてノウハウのある展示業者（もちろん下請けの製作業者も含め）の双方の存在が重要だった。

③ユニバーサルデザイン

　オーテピアは，声と点字の図書館があることもあり，ユニバーサルデザインには特に力を入れて整備されている。それに合わせて，当館の展示もユニバーサルデザインを意識し，車いす利用者や視覚障害者が使いやすいデザインを心がけた（詳細は割愛する）。

B.　地域の自然・科学・ものづくりを伝える

■「地域の科学館」としての展示

　常設展示のうち，「高知の自然と生きものゾーン」と「高知の科学・ものづくりゾーン」は，展示業者には展示ケースのみ整備してもらい，展示物やパネルは館で制作した。制作にあたっては，地元のNPOをはじめ，多くの団体や個人に協力してもらった。このような地域の展示をつくるにも，やはり，学芸員が取材や情報収集をし，展示としてまとめる必要がある。

■期間展示「高知の科学とものづくり」

　高知の科学・ものづくりゾーンのうち，「高知の科学とものづくり」コーナーは，期間展示として，毎年展示内容を入れ替えている。

　1年目は「土佐の伝統技術〜高知のものづくりの原点〜」として，県内の伝統工芸品を，科学的な視点を交えて紹介した。また，翌年は，「高知の紙づくり〜土佐和紙から世界へ〜」として，伝統的な土佐和紙から，世界で使われている最先端の紙・不織布まで，高知の紙産業を紹介した（写真2）。

　科学館で産業の展示をする際，単に商品の紹介になってはおもしろくない。そのため，直接，各企業等の担当者から話を聞き，そこから科学館で紹介すべき技術や工夫，考え方を見いだして，科学館としての視点（自然科学・技術など）で紹介する必要がある。そうして話を聞いているうちに，展示のストーリーもできてくる。

　また，特に民間企業の商品や技術を扱う場合，やはり学芸員が，どの企業のどの技術を扱うのが伝えたいことに合っているかを考え，選定する必要がある。

写真2　期間展示「高知の紙づくり」

C. 企画展示をつくる

■「科学を楽しむ文化」から「最先端の研究」まで

　当館では年に１回，企画展を開催している。最初の企画展は開館２年目に行った。タイトルは「高知の海をカガクする」とし，「美しい魚のホネの世界」「ウミガメのひみつ，大公開！」「高知が生んだ魚博士・田中茂穂」「南海地震で海に沈んだ村」の４テーマで展示した。科学にあまり興味のない人にも興味をもってもらうため，企画展入口には，美しくインパクトのある魚類の頭骨標本を展示し，奥に進むに従い，海に関する最先端の研究を紹介していくつくりにした（写真３）。

　また，翌年の企画展「高知の山をカガクする」でも，高知で採れる石灰岩「土佐桜」を砕いて作った岩絵具で「桜」を描いた日本画作品などを展示し，企画展のプロローグとした。

写真３　「美しい魚のホネの世界」　　写真４　台の中には展示ケースがある

■限られたスペースでつくる企画展

　当館には「企画展示室」がない。その代わり，展示室の約半分は，すべて移動可能な展示にしており，企画展はそのスペースで行う。

スペースの有効活用ができて良いようにも思えるが，企画展を頻繁に行う施設には，おすすめしない。常設展示の一部をなくすことになるため，準備期間をできるだけ短くする必要があることや，常設展示物の収納場所が必要になるからである。実際，企画展「高知の山をカガクする」では，収納場所が足りず，常設の展示ケースを，化粧板やタイルカーペットで覆い，その上に哺乳類の剥製を展示するという荒技が必要となった（結果的には立体的な展示になり良かったかもしれない）（写真4）。

■限られた予算でつくる企画展

　地方の科学館は，企画展のために十分な予算があるわけではない。通常，各館で展示物やパネルを手づくり（いわゆる内製）するなどして，費用を抑える工夫をしているが，当館では，内製するにしても，ある程度のクオリティを保ちたいと考えている。例えば，展示物を置く什器（小さい台やスタンドなど）は，展示物に合わせて，さまざまな大きさ・形・材質（ただし，色は木・白・黒・透明・銀に限定）のものを用意している（写真5）。また，木工などで手づくりしたものは布やクロスシートできれいに仕上げるなど，「手づくり感」を出さないことにより，展示物の魅力を引き立たせる演出ができると考えている。

　これらを行うには，最低限の木工や簡単な工作ができる器具・設備が必要だし，ある程度の什器や材料をホームセンターなどで購入する必要がある。そのため予算ゼロでは何もできない。また，当館では幸い，大型プリンターやレーザー加工機を導入できたので，内製した展示パネルを大型のサイズで出力できるし，レーザー加工機で，ちょっとした表示（プレート）をつくることができる（写真6）。

　照明も，展示の演出には重要な要素である。当館の展示照明は自

写真5　木・白・黒・透明などの什器　写真6　レーザー加工機でつくった表示

由に動かせるが，これも，館に高所作業台が無いと職員では動かせ
ず，小回りが利かなくなってしまう。最低限の設備が必要である。

　以上のように，限られた予算ではあるものの，やはりある程度の
費用はかけないと，クオリティを保つことはできない。そしてこの
クオリティは，展示物を魅力的に見せるために必要不可欠である。

■限られたスタッフでつくる企画展

　これまで，スペースと予算のことを書いてきたが，やはり，最も
必要なのはスタッフである。展示全体を企画・調整する学芸員，も
のづくりのノウハウと技術をもつ職員，実際に作業をする職員な
ど，最低限のスタッフがいないと何もできない。

D.「なんか変わった」を見せる展示

■「なんか変わった」を見せる展示

　地方の科学館が持続するには，リピーターの確保が重要になる。
「一度来たら終わり」という科学館では，私たちの使命の一つであ
る「科学を楽しむ文化を育てる」は達成できないからである。

　そのために当館では，オリジナル番組を生解説で投映する「プラ
ネタリウム」，定期的にテーマを変える「サイエンスショー」，毎週

日曜日に毎回ちがう実験や工作が体験できる「ミニかがく教室」など，くり返し来ても楽しめる事業を実施している。

　一方，展示のほうは，企画展示室が無く，常設展示室も狭いので，意識していないと，「いつ来ても変わらない展示室」になりがちである。そこで，当館では，「いつ来ても何かが変わっている展示室」をめざして取り組んでいる。ここでは，前述の期間展示，企画展示以外の展示について紹介する。

■乗れる大型カブトムシ

　当館の展示室入口では，通常，デジタル地球儀「触れる地球」が来館者を迎えている。2019年に行った「蔵出し！昆虫標本展」では，「乗れる大型カブトムシ模型」を出雲科学館（島根県）から借用し，このスペースに展示した。

　この標本展は，ドイツ箱に入った昆虫標本の展示が中心だったが，これだけではインパクトがないと考え，館のシンボルである「地球」を撤去し，「乗れる大型カブトムシ」を置くことにした。背面パネルと相まって，カブトムシに乗って宇宙を飛んでいるような写真が撮れた（写真7）。

　このカブトムシは，やはりインパクトが強かったらしく，展示終了後もしばらくは，「カブトムシは？」という声が聞かれた。

　その後もこのスペースは，イルカの骨格標本を天井から吊るしたり，ウミガメの赤ちゃんを水槽で生体展示したりと，「なんか変わった」の演出に活用している。

■職場体験の中学生による展示

　職場体験に来る中学生には，常設展示をより楽しむための解説パネルなどを作ってもらう。制作の際は，図書館の本で調べることに

写真7　乗れる大型カブトムシ

より，インターネットのみに頼ることなく作ることができる。また，鏡の展示を見るときの理想的な立ち位置に，足形を埋め込むなどの展示改善も，職場体験の中学生に作業してもらった（写真8・9）。

　中学生が作ったパネルや展示改善は，すでに20件近くになっており，「なんか変わった」を見せることに，大いに貢献している。

写真8　展示をより楽しむためのパネル　写真9　カーペットに埋め込んだ足形

■図書館との連携による本の展示

　当館は，図書館との複合施設であるというメリットを活かして，短期間の展示やイベントの際には，関連する本を展示している。この本は，図書館に持っていくと借りて帰ることができる。本の展示は，「なんか変わった」を見せるだけでなく，展示やイベントに参加した人たちが，さらに興味をつなげるきっかけとなっている。

E.　モバイルミュージアムの取り組み

■モバイルミュージアム事業

　当館では 2020 年度から，展示物を，2～3 カ月ごとに県内の図書館等に貸し出し，展示してもらう事業を開始した。これは，「れんけいこうち広域都市圏事業」の取り組みの一つで，東京大学総合研究博物館の取り組みに倣い，「モバイルミュージアム事業」と銘打って実施している。各市町村の文化の拠点である図書館に展示することにより，県内全域に「科学を楽しむ文化」を広めたいという思いである。

　また，新しい展示物は，まず当館の展示室または図書館の「こどもコーナー」で展示し，展示物の強度や，使われ方を試すことにしている。

■展示物の製作

　当事業の展示物は，

　①当館が所有する標本などのうち，持出可能なものを展示用に整える（ホームセンターで買えるものなどで内製）（写真 10）。

　②地元業者に発注して製作する（写真 11）。

のいずれかの方法で製作している。

写真10　化石を固定した板を机に
　　　　固定する

写真11　地元業者製作の展示物

　もちろん，地元に科学館の展示物をつくったことがある業者など無いため，学芸員が仕様書を書き，イメージ図を描く必要がある。また，部品によっては館側から支給したものを使ってもらう。費用を抑えるためでもあるが，地元に展示物をつくれる業者がいることは，将来的にも心強い。

F.　新型コロナウイルスの影響を受けて

■科学館のメディアとしての役割

　新型コロナウイルスの影響を受け，当館も2020年3～5月の約50日間，臨時休館となった。こういった状況だからこそ，科学館の存在意義が問われると考え，いくつかの取り組みを行った。

　まず，パンフレット「科学館が科学の視点でわかりやすく伝える新型コロナウイルス」を制作し，公開した。また再開館後は，パンフレットの内容に模型等を加えた特別展を開催した。

　続いて，パネル展「『コロナ対策』をカガクする」を制作・展示。
この内容もパンフレットとして公開した。

　これらのパンフレットは，高知市・いの町内の全小中学生に配布
されたほか，県内外のいくつかの施設でパネル展示，または配布し
ていただいた。

■来館に頼らない情報発信

　科学館の休館中また学校の休校中にも，科学を楽しんでもらうた
め，YouTube でミニサイエンスショーの動画や展示を紹介する動
画などを公開した。今後は，来館に頼らない情報発信も重要になっ
てくると思われる。

■ハンズオンに関するジレンマ

　日本博物館協会のガイドラインでは，ハンズオン展示は休止が原
則とされた。しかし，他の博物館・美術館と違い，科学館はハンズ
オン展示が多くを占める。これをすべて休止すると，科学館として
の機能が保てなくなると考え，当館では，対策をとったうえで，ハ
ンズオン展示（消毒ができない展示は除く）を使用することとした。

　ただし，すべての場所を常に消毒するのは不可能なので，来館者
が手洗いまたは消毒をすることと，顔に触らないことが重要にな
る。そのため，その旨の館内放送と掲示，声掛けが必要となった。

■館内掲示のクオリティ

　感染拡大の状況に合わせて，複合施設内のウイルス対策関連の掲
示物が増えてきた。しかも，各館のさまざまな担当者が作るので，
表現も様式も多種多様な貼り紙でいっぱいになっていた。そのた
め，いったん，必要な掲示物を整理し，同じ仕様で掲示物を作り直
すことにした（図1）。

　制作はノウハウをもつ当館が中心に行った。ウイルス対策を示す

図1　制作した貼り紙の例

ロゴをつくり，文章はできるだけ短くシンプルにした。掲示物の数は約30種類・400枚に及んだが，これにより，施設内の掲示が整理され，「オーテピア」ブランドを保つことができたと思う。

　施設を運用していると，どうしても貼り紙は増える。そこで，ちょっとしたルールをもっておくだけでも，掲示物のクオリティを保つことができ，施設全体のブランディングに寄与できる。

G．持続可能な地域科学館をめざして

　当館はまだ開館したばかりで，今のところ多くの県民に利用してもらっている。しかし，10年後，20年後，建て替えが必要となったとき，はたして「科学館は必要だ」と言ってもらえるだろうか。私たちは，常にその危機感をもっておかなくてはならない。

　地域住民に必要とされる科学館であり続けるために，これからも，地域の科学館として，一つひとつできることから，その役割を果たしていこうと思う。

参考図書案内
(さらなる学習のために)

坂根厳夫『境界線の旅』朝日新聞社，1984.

▶ 1976年からの約10年間，朝日新聞の文化欄に連載された「科学と芸術の間」「拡大する視覚世界」「境界線の旅」などのコラムがまとめられている。科学技術と芸術との融合というテーマの中で，エクスプロラトリアムやボストン子ども博物館をはじめ，欧米の新しいミュージアムの動向が紹介されている。日本では80年代に入ってから参加体験型をはじめ新しい展示が次々に登場していくが，それに影響を与えた記念碑的な書籍。

梅棹忠夫『メディアとしての博物館』平凡社，1987.

▶国立民族学博物館（民博）の館長を務める梅棹忠夫が同博物館の創設から十数年の間に重ねてきた社会と博物館についての対談や発言をまとめた一書。民博は，1974年の創設（開館は1977年）以来，新しい博物館のオピニオンリーダーを果たしてきたが，その背景となった考え方が述べられている。民博に関する梅棹の館長対談集は，他にも中公新書の『民博誕生』『博物館の世界』『博物館と美術館』『博物館と情報』等がある。

高橋信裕編著『DISPLAY DESIGNS IN JAPAN 1980-1990 Vol. 4 ミュージアム＆アミューズメント』六耀社，1992.

▶ミュージアムの展示は，博物館ブームや科学館ブームなどの流れの中で，1980年からの10年間に著しく発達した。90年代の初頭には，今日の展示にもつながる体系化が，ほぼできあがったと考えられる。本書は，その全体像を，具体的な事例を基に「装置」「空間」「ドラマ」「テーマパーク」という4つの系譜でまとめている。写真が多数使用され，コラム等も充実するなど，今日の展示や展示技術の原点を把握す

るうえでおおいに参考となる。

ディスプレイの世界編集委員会編『ディスプレイの世界：ディスプレイのデザインとマネジメント』日本ディスプレイデザイン協会，1997.

▶ ディスプレイ界を代表するふたつの社団法人が中心となって編集・出版。ミュージアムだけではなく，物販や展示会，ショールーム等，各分野におけるディスプレイの特色やグラフィック，模型，映像，可動装置等，技術的な広がりなど，ディスプレイを体系的に物語っている。「展示」とディスプレイとの関係をはじめ，情報伝達メディアとしての特色を整理するなど，ディスプレイの理論化を試みた先駆的な書となっている。

ティム・コールトン著，染川香澄ほか訳『ハンズ・オンとこれからの博物館：インタラクティブ系博物館・科学館に学ぶ理念と経営』東海大学出版会，2000.

▶ イギリスやアメリカの子ども博物館や科学館におけるハンズ・オンの展示の動向を，ユーレイカやボストン子ども博物館，エクスプロラトリアム，ランチパッドなど，世界を代表する具体的な館の事例を取り上げながら紹介。完成された展示の紹介に加えて，展示を開発する過程についても言及している。さらに財政や人材などマーケティングやマネージメントの視点からハンズ・オン展示の運営について論じている。

日本展示学会出版事業委員会企画・編集『展示論：博物館の展示をつくる』雄山閣，2010.

▶ 2008 年に博物館法が改正され，学芸員の資格取得に必要な単位として博物館展示論が加わったことを踏まえて，学芸員養成の教科書として，

展示学や展示論の入門書として編集された。日本展示学会が総力をあげて取り組んだもので，執筆者には，展示学の研究者，博物館現場で活躍する学芸員，展示会社所属やフリーの展示プロデューサー，ディレクター，プランナー，デザイナーなど50名以上の展示関係者が名を連ねている。

大堀哲・水嶋英治編著『博物館学Ⅱ：博物館展示論＊博物館教育論』（新博物館学教科書）学文社，2012.
▶2012年からスタートした新しい学芸員養成課程のなかで活用できる教科書となることを主目的に編集されている。Ⅰ〜Ⅳの4巻からなり，養成課程科目のそれぞれに対応している。第Ⅱ巻が博物館教育論とセットになった博物館展示論で，展示の発達史や基礎的な事項について丁寧に解説されている。美術館，博物館，水族館など，専門分野ごとに展示の特色がまとめられており，どの分野の学生でも利用できるようになっている。

日本教育メディア学会編集『博物館情報・メディア論』ぎょうせい，2013.
▶博物館の諸活動である情報発信，資料，教育，展示をメディアという観点から捉えて論じている。「博物館情報・メディア論」は，新しい学芸員養成課程の科目のひとつであるが，本書では，展示までを情報メディアという範疇で捉えているところが興味深い。展示論が科目として独立する前は，展示は，教育論や資料論，情報論などの中で語られてきたが，改めて「情報」という視点から展示の機能を考えることの重要性を示唆している。

黒沢浩編著『博物館展示論』講談社，2014.
▶現役の学芸員や学芸員をめざす学生のためのテキスト。展示の基本に加え，展示を具体的に企画・制作するにあたって必要なグラフィック，

展示ケース，造形物，ガイドシステム等の基礎知識が，豊富な図版や写真，チャート図等とカラー印刷によってわかりやすくコンパクトにまとめられている。展示制作に必要な各種のノウハウを短時間で習得するのに適した入門書。

スタジオ 248 編著『空間デザイナー』（時代をつくるデザイナーになりたい‼）六耀社，2017.

▶ ファッションやグラフィック等，デザイナーという仕事を子どもたちにわかりやすく紹介することをねらいとした絵本のシリーズ。空間デザイナーについてまとめられた本書では，商業施設やエキシビションとともに，ミュージアムの展示を手がける空間デザイナーも取り上げられている。子ども向けではあるが，写真等も豊富に使用され，門外漢が空間デザインの仕事を短時間で理解するのに適しているため，あえて取り上げた。

日本展示学会編『展示学事典』丸善出版，2019.

▶ 日本展示学会設立 35 周年を記念して刊行された。総合コミュニケーション・メディアとしての展示の成立や展示の歴史，種類，つくり方，利用法，社会性など，展示の関わる重要事項を 10 章の構成で解説している。大学の研究者，博物館・美術館等の学芸員，自治体職員，展示会社の企画者・設計者・技術者など，展示の第一線で活躍する多くの人びとが執筆者となっており，幅広い視点からまとめられている。

さくいん

あ行

愛・地球博 …………………………… 43, 197
アスタナ国際博覧会 ………………………… 48
アミューズミュージアム …………… 123
インターメディアテク ………………… 101
梅棹忠夫 ……………………………… 15, 41
エクスプロラトリアム ………… 106, 252
エコミュージアム …………………………… 83
エデュケーター ……………………………… 54
江戸東京博物館 ……………………… 112
エピソード展示 ………… 174, 177, 178
遠近法について理解を促す没入型システム ……………………………… 213
おうちミュージアム ……………… 226
大阪万博 ……………………………… 39, 190
沖縄県平和祈念資料館 ……………… 148
オンタリオサイエンスセンター …… 106
オンライン …………………………… 226, 241

か行

科学館ブーム ………………………… 108, 191
科学技術館 ……………………………… 92
拡張現実 ……………………………… 205
仮想空間 ……………………………… 215, 227
仮想現実 ……………………………… 205
金沢21世紀美術館 ……………………… 100
観覧時間 ………………………………… 26
企画展 ………………………… 132, 162, 258
期間展示 ……………………………… 257
北名古屋市歴史民俗資料館 …………… 113
強制動線 ………………………………… 27

共創展示 ……………………………… 82
恐竜ロボット ………………………… 115
空間デザイン ………………… 105, 157, 248
クローン文化財 ……………………… 206
啓蒙展示 ……………………………… 82
原寸復元 ……………………………… 112
公開承認施設 ………………………… 59, 133
構造展示 ………………………………… 41
江東区深川江戸資料館 ……………… 112
国際博覧会条約 ……………………… 36
国立科学博物館 ………… 43, 78, 91, 220
国立民族学博物館 …… 15, 40, 71, 91, 203
国立歴史民俗博物館 ……… 91, 103, 203
コミュニケーション分析 …………… 222
コロナ（コロナ禍，コロナ対策）
……………………………… 225, 265
コンテンツ開発のプロセス ………… 211
コンピュータの基本機能 …………… 190

さ行

サイエンスショー …………………… 260
参加体験型展示 ………… 106, 109, 192
飼育展示 ……………………………… 93, 116
ジオ・コスモス ………………… 234, 242
ジオラマ ……………………………… 65, 115
滋賀県立琵琶湖博物館 ……………… 13, 44
次世代型展示ケース ………………… 59
自然現象を本物の体験として展示化
……………………………… 248
社会教育調査 ………………………… 87
上海国際博覧会 ……………………… 45
集客のパフォーマンス ……………… 219

収蔵品管理システム ……… 195
自由動線 ……… 27
巡回展 ……… 133, 183
情景再現 ……… 66, 112, 116
昭和館 ……… 149
シンボル（展示）……… 234, 248
新横浜ラーメン博物館 ……… 123
ストーリー化（シナリオ化）……… 54
ストーリー展示 ……… 102
スマートフォン由来の情報 ……… 224
青少年科学館 ……… 93
説示型展示 ……… 94

た行

大項目，中項目，小項目 ……… 63, 151
多言語解説 ……… 200
竜巻装置 ……… 250
棚橋源太郎 ……… 67
チルドレンズミュージアム ……… 109
陳列 ……… 15
つくば科学万博 ……… 42
提示型展示 ……… 94
ディスプレイ業 ……… 16
デジタルアーカイブ ……… 69, 208
展示解説 ……… 159
展示構成リスト ……… 144
展示ストーリー ……… 144, 154, 171
展示テーマ ……… 147
展示デザイン ……… 255
展示における情報伝達モデル ……… 24, 25
展示のフィロソフィー ……… 147
展示メディア ……… 96, 158, 160
天井桟敷 ……… 229
東京国立博物館 ……… 35, 91, 204
東京都美術館 ……… 78

動態保存 ……… 114
登録博覧会 ……… 36
遠野市立博物館 ……… 164, 173, 183
遠野物語 ……… 177
特別展 ……… 98, 132
図書館との連携 ……… 263
都立中央図書館 ……… 166, 177

な行

内国勧業博覧会 ……… 35
長崎歴史文化博物館 ……… 113
日本空間デザイン協会 ……… 17
日本展示学会 ……… 15, 16
日本博物館協会 ……… 87, 265
日本ミュージアム・マネージメント学
　会 ……… 166
認定博覧会 ……… 36

は行

バーチャルミュージアム ……… 84, 227
博情館 ……… 41
博物館活動のイメージ ……… 13, 14
博物館法 ……… 82, 86, 121
パソコン Q&A ……… 191
ハンズオン ……… 110, 226, 265
ビクトリア＆アルバート博物館 ……… 98
ビデオテーク ……… 41, 196
人と防災未来センター ……… 120, 185
「一筆書き式」の動線 ……… 29
広島平和記念資料館 ……… 149
複合施設「オーテピア」……… 254
プラネタリウム ……… 43, 108, 243
フランス国立自然史博物館 ……… 115

プロジェクションマッピング
………………………………………… 69, 206
文学館 ……………………………………… 91
文化芸術基本法 ………………………… 90
文化財レスキュー活動 ………… 163, 173
文化庁補助事業「ミュージアム活性化
　事業」…………………………………… 168
放電装置 ………………………………… 250
北海道開拓記念館 …………………… 102

ま行

見える収蔵庫 …………………………… 98
ミラノ国際博覧会 ……………………… 46
みんぱく電子ガイド ……………… 71, 198
免震装置 ………………………………… 53
模造標本 ………………………………… 64

物語化 ………………………………… 236

や行

野外展示（屋外展示）………………… 130
野外博物館 ……………………… 92, 113
遊就館 …………………………………… 148
ユニバーサルデザイン ……………… 256

ら・わ行

リピーター確保 ………………… 130, 260
レプリカ ………………………… 54, 103
6W2H ……………………………… 20, 139
ロボット ………………………… 44, 238
若者の美術離れ ……………………… 208

［編著者］

若月　憲夫（わかつき・のりお）

東京理科大学理工学部卒業
　　　長らくミュージアムの展示企画や設計，構想・計画等に携わる。
現在　茨城大学人文社会科学部非常勤講師
主著　『ミュージアムデザイニング』（共著，綜合ユニコム，1995）
　　　『ディスプレイの世界』（共著，六耀社，1997）
　　　『展示論：博物館の展示をつくる』（共著，雄山閣，2010）

［執筆者］

高橋　信裕（たかはし・のぶひろ）

慶應義塾大学文学部卒業
現職　高知みらい科学館館長
主著　『博物館情報・メディア論』（共著，ぎょうせい，2013）
　　　『博物館学史研究事典』（共著，雄山閣，2017）
　　　『展示学事典』（共著，丸善出版，2019）

久永　一郎（ひさなが・いちろう）

大日本印刷株式会社マーケティング本部事業戦略ユニットヒューマン・
エンジニアリング・ラボ室長／東京大学大学院情報学環客員研究員

真鍋　順一（まなべ・じゅんいち）

株式会社乃村工藝社第一事業本部開発部チーフディレクター

［事例提供者］

内田まほろ（うちだ・まほろ）

日本科学未来館展示スーパーバイザー

渡邉　創（わたなべ・そう）

北海道大学観光学高等研究センター客員教授

岡田　直樹（おかだ・なおき）

高知みらい科学館学芸員

博物館情報学シリーズ…4

ミュージアム展示と情報発信

2021 年 8 月 30 日　初版第 1 刷発行

〈検印省略〉

編　著　者 ©　若　月　憲　夫

発　行　者　　大　塚　栄　一

発　行　所　株式会社　樹　村　房
　　　　　　　　　　　JUSONBO

〒112 - 0002
東京都文京区小石川 5-11-7
電　話　　　03-3868-7321
Ｆ Ａ Ｘ　　　03-6801-5202
振　替　　　00190-3-93169
http://www.jusonbo.co.jp/

組版・印刷・製本／倉敷印刷株式会社

ISBN978-4-88367-351-3　乱丁・落丁本は小社にてお取り替えいたします。